なぜ、地域のお役に立つと会社は成長するのか

エネジン株式会社 代表取締役
藤田源右衛門

あさ出版

推薦の言葉

戦略的ＣＳＲは大企業だけのものではない。本書は社会課題の解決によって利益を増大させる共有価値戦略が成熟市場を突破する切り札になり得ることを証明しています。

慶應義塾大学大学院経営管理研究科教授　岡田正大

本書は長年の勉強仲間である浜松市の中堅企業「エネジン株式会社」の、藤田社長が地域社会とすべての中堅・中小企業の活性化を念じ、自社がこれまで取り組み成果を収めたＣＳＲ活動やアライアンス活動等について、余すことなく公開してくれた好著です。組織に関わる多くの人々に一読を薦めます。

経営学者（人を大切にする経営学会会長）坂本光司

はじめに

人口減少、少子高齢社会が急速に進むなか、地方の中小企業は今、大きな岐路に立たされています。

それは**地域および内需の縮小にどう対応するか**、です。

岐路に立たされているのは、小売り、サービス、金融、建設、エネルギーといった業種であり、地域密着型、内需依存型の企業です。自治体や学校、各種団体も例外ではないでしょう。

自社も地域や内需と一緒に縮小していくのか、それとも別の道を歩むのか。

周辺環境とともに自らも縮小していくことを「どうにもならない、仕方のないこと」と受け止める——そのような会社があることは事実です。

その一方で地方には、キラリと光る強みを持つ中小企業が多いこともまた事実です。そうした会社は、技術、サービス、品質などの強みを差別化の源泉として、価格競争とは異なる次元の戦いをしていきたいと考えています。

しかし、このときネックになるのが、**その強みをどのようにお客さまに広く伝えていくか**、です。

大手と違って、広告宣伝費にお金をかけることはできない。

差別化のために認証取得や表彰を受けても自己満足に終わってしまうし、それがメディアに取り上げられて、お客さまに広く知られることもありません。

「伝わってない」「伝えられない」。

このことが小さな会社にとって高い、高いハードルになるのです。

私が代表を務めるエネジン株式会社（本社・静岡県浜松市）は、2004年に、前身の株式会社ハマネンと丸善ガス株式会社の共同出資により誕生した、LPガス供給をはじめとする燃料事業などを行う、社員数207名の会社です。

おわかりのように当社も地域密着、内需依存の典型的な地方の中小企業です。

LPガスというのは、都市ガスとの競合、他の大手LPガス供給事業者とのシェアの奪い合いという、非常に厳しい市場環境にあります。しかも、差別化がしづらく、いったん価格競争に巻き込まれると打開の糸口が見出しにくい。

そのようななかで、私たちは差別化をしようとさまざまな試行錯誤を重ねてきました。そして今なお、もがいている最中です。

ただそのようななかで、ここ数年小さな光明らしきものが見えてきました。

それは**「地域のお困りごとを、異業種とアライアンスを組んで（協力し合って）解決すること」**にありました。そして、そのことが地域の活性化につながり、さらにはメディアに取り上げられることで、当社の強みが伝わり、営業活動にプラスの影響を与え始めています。

実際、事業者数、お客さま数が右肩下がりの業界において、当社はおかげさまでお客さま数の純増を堅持することができています。

右肩下がりの業界のなか成長中！！
お客さま数も６年連続増加中！！

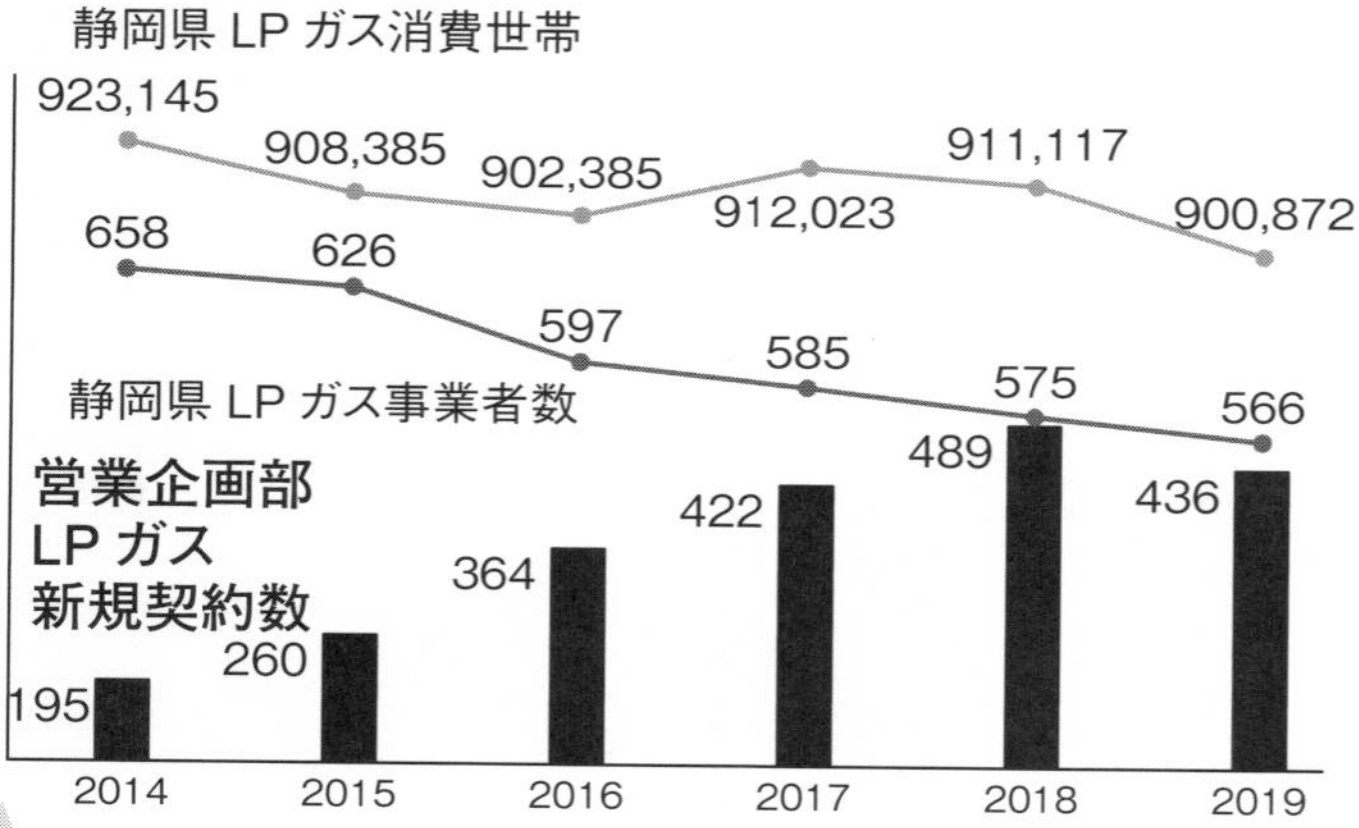

その具体的な方法を紹介します！！

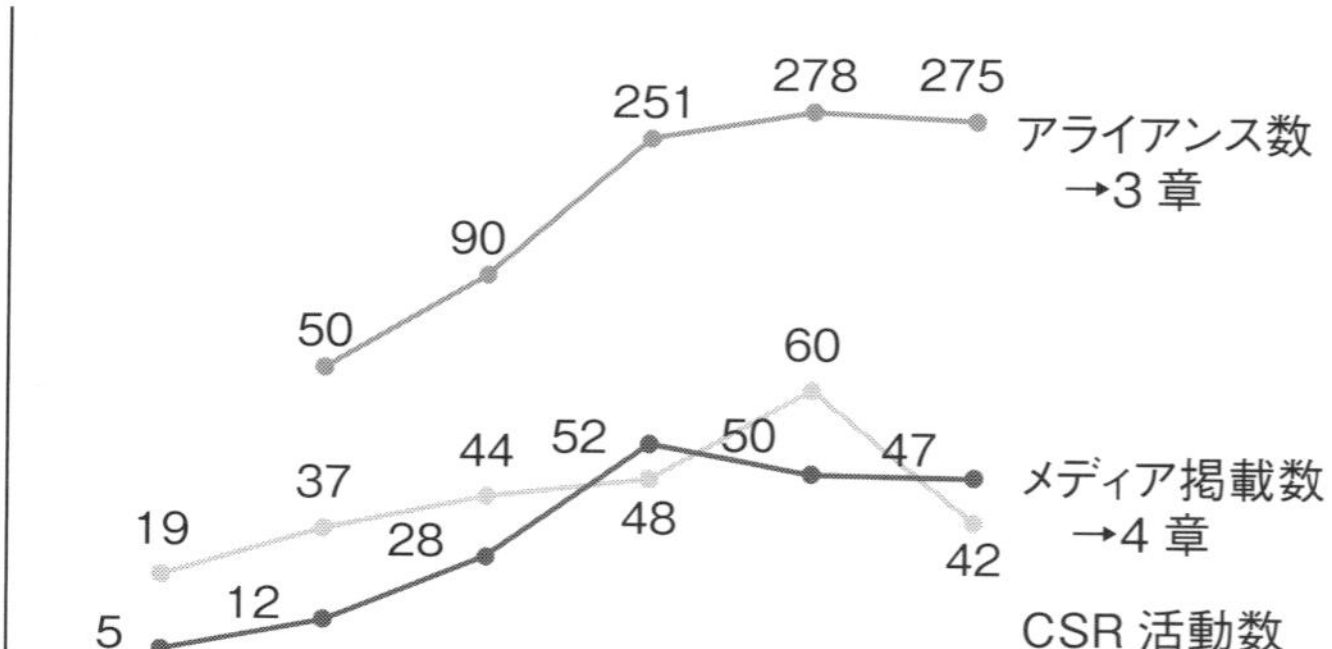

【1】地域のお困りごとを解決する活動を（CSR 活動）

【2】異業種と協力し合って行い（アライアンス）

【3】メディアに取り上げられ当社の強みが伝わって（メディア化）

教室から

変わる部活動④

広がる企業応援 活動充実

「練習の後には、体の回復力を高めるものを摂取しましょう」。浜松市立雄踏中（浜松市西区）で11月22日、野球部やバレー部の部員やその保護者ら約60人が、杏林堂薬局（本社・浜松市）の管理栄養士によるセミナーを受講し、真剣な表情で耳を傾けた。セミナーでは、栄養士がバランスのよい食事が疲労回復につながることや、大会や練習前におすすめのメニューを紹介。練習後30分以内に疲労回復につながる肉や魚、エネルギーの元となる糖質を食べることを勧めた。

男子バレーボール部の顧問を務める山守達大教諭（49）は「これまでは『たくさん食べろ』としか言えなかったが、中学生に必要な栄養量が分かり、具体的に助言ができる」とセミナー参加の感想を語った。息子が練習中にあごの骨を骨折したという野呂美佳さん（49）は「骨を作るには、いろいろ考えて食事をとることが大事だとわかった」と話した。

管理栄養士によるセミナーで食事を振り返る生徒や保護者ら（11月22日、浜松市西区で）

セミナーを主催したのは、総合エネルギー会社エネジン（本社・浜松市）。同社は、地元の企業・団体に呼びかけ、2016年から支援を始めた。13企業・団体が参加し、それぞれの強みをいかして、所属選手による野球教室やテーピング講習などを行う。毎年、支援を受けたい学校をインターネットやSNSで募り、秋から夏の大会までの間、特定の部活や全競技を対象に支援を行う。

これまでに支援を受けた学校は、市内の中学校7校。市教育委員会指導課の担当者は「専門的な知見で、企業がサポートしてくれるのはありがたい。生徒が学校以外にも、部活を応援してくれている人がいると感じ、やる気にもつながる」と期待する。

企業が部活動を支援する動きは県内でも広がっている。静岡市教育委員会は昨年、中学校の部活動を支えようと、企業などでつくる「部活動応援隊」を発足させた。市教委の呼び掛けに応じた約70社が、指導者の派遣や講習会などで協力する。市は、部活動の活動日を「原則週4日」とし、教諭の働き方改革につなげる指針を定めている。学校教育課の担当者は「限られた時間内で効率的に部活を充実させることにつながる」と話す。

応援企業の一つ、静清信用金庫は今年、市内の美術部の生徒を対象としたポスターコンクールを実施した。警察と協力し、特殊詐欺の撲滅をテーマに募集したところ、130点の応募があった。受賞したポスターは、市内の警察署や中学校に配布される予定という。

コンクールに参加した静岡市立清水第七中の美術部顧問、神田寛教諭（35）は、「定期的にコンクールがあるわけではなく、作品が一般の人の目に触れ、評価される機会は多くない。信金の取り組みはありがたい」と明かす。コンテストで受賞した同部3年の沢井未歩さん（14）は「部室の中で絵を描くだけでなく、自分の作品を飾ってもらえる場があってうれしい」と話していた。

（金門知里、「変わる部活動」おわり）

部活支援 今後も

部活動サポート企画は、今後も継続する予定。対象は、浜松市内の中学校で、募集を行う場合には、エネジンのブログで告知する。問い合わせはエネジン営業企画部（053・471・1449）へ。

「読売新聞」
2019年12月６日

地域さらには内需の縮小という厳しい状況下においても、会社を成長させることができる。当社は幸運にも周りの方のご協力とご縁に恵まれ、そのような手ごたえをつかみつつあります。

今回、その方法を書籍という形でご紹介することで、悩みを、志を同じくする企業の皆さまに、とりわけ地方の中小企業の皆さまに、お役に立てていただければうれしく思います。

エネジン株式会社代表取締役

藤田源右衛門

第３章　地域のお役に立つ方法（アライアンス編）

第4章　地域のお役に立つ方法（メディア編）

第5章　「地域のお役に立つ」は経営・市場戦略

編集協力　菱田秀則（菱田編集企画室）

プロローグ

記者発表はこうして新聞記事になった

取り組みの意義を伝える記者発表

あらためて当社のことをご紹介すると、エネジン株式会社は、静岡県浜松市に本社を構え、県内全域にＬＰガスの供給や太陽光パネルの販売などを行っている会社です。民間のＬＰガス会社というと、一般には都市ガスの供給が行き届かない地域の家庭や住宅会社に営業して契約につなげ、ガスの供給を通じて売上を伸ばし、利益を確保しているとお考えかもしれません。

ところが、そのような従来の取り組みだけでは売上が伸び悩み、お客さまが減少していく時代となりました。

そこで当社では、これまでの営業形態を重視しつつも、趣のちょっと変わった営業手法に取り組んでいます。

それが本書冒頭でご紹介した**「お客さま、ひいては地域のお困りごとを解決し、それをもって認知度の向上につなげ、業績の向上につなげていく」**という手法です。

この活動は、私たちにとってのＣＳＲ（Corporate Social Responsibility：企業の社会的責任）活動の一環という位置づけでもあります。

社内的には営業企画部という部署が中心になってアイデアを出し、全社員で取り組んでいます。

この活動の一例として、浜松市に本社を置く大手ドラッグストア、株式会社杏林堂《きょうりんどう》薬局さま（以下、敬称略）とのＢＣＰ（Business Continuity Planning：事業継続計画※）に関する協定の調印式の記者発表の模様を、「何を、どうやっているのか」イメージしやすいように〝実況中継風〟にご紹介していきましょう。

※事業継続とは、災害や事故により事業活動に影響のある何らかの被害を受けた場合でも、お客さまや従業員の安全を図り、重要な業務を中断させない強固な事業活動を指し、そのための具体的な実行計画を事業継続計画（ＢＣＰ）という

■協定締結の経緯・概略の説明からスタート

２０１９年7月1日、杏林堂薬局本社の会議室には、杏林堂薬局代表取締役・青田英行社長とエネジン代表取締役・藤田源右衛門と両社関係者、また、地元新聞・テレビなどメディアの記者・カメラマン20名ほどが集まりました。

最初の10分ほどはモニタに映しだされたＢＣＰ関連の画像を示しながら、当社からの協定締結に至る経緯・概略の説明です。

【司会進行：エネジン営業企画部・織田真実】

ただいまより、株式会社杏林堂薬局、エネジン株式会社の防災活動パートナー協定書調印式を始めさせていただきます。

今回の協定により、杏林堂薬局とエネジンは、地元静岡県の防災活動に関して、お互いに補完・協力し合い、地域の皆さまのお役に立っていくことを発表いたします。

これに先立ち、杏林堂薬局吉田店において、ＬＰガス非常用発電機（出力31ＫＶＡ）、災害対応ＬＰガスバルク貯槽、ＬＰガス小型発電機、炊き出しステーションを設置いたしました。

この一連のＬＰガス災害対策システムを導入することで、災害など有事の際に地域への貢献を行うことができます。

ＬＰガス非常用発電機で電源を確保することで、商品の供給、管理や発注はもちろん、薬歴の確認、処方箋の管理、分包機の稼働、保冷庫への電源確保で薬局機能を十二分に果たすことができます。

過去の災害の被災地の方々からは、携帯電話の電池切れによる不安の声が多く寄せられたため、その解決策として充電設備を設けていきます。有事の際には、杏林堂薬局吉田店へお越しいただければ、携帯電話に充電ができるので、大いに地域の皆さまのお役に立つことでしょう。

また杏林堂薬局の商品を使用して、１００人分の炊飯や汁物といった、温かい食事を提供することができます。

ちなみに、現在建設中の杏林堂薬局浜北小松店でも、災害対応ＬＰガスバルク貯槽とＬＰガス非常用発電機の導入が決定しております。

地元エネルギー企業のエネジンとしては、地域の皆さまへ危機管理の啓蒙活動を行っております。

具体的には「家族の防災コンテスト」を、浜松市内の小学生の夏休みの課題として提案し、浜松市教育委員会および危機管理課にご協力いただき、啓蒙活動を行っていきたいと考えています。それが家族で防災、備蓄について考えるきっかけづくりとなり、家庭の防災強化は、そのまま企業のＢＣＰ強化へとつながり、結果として災害に強い浜松市へつながると考えています。

また、当社では、杏林堂薬局さまのセミナールームを利用して防災セミナーを開催、設備を利用して防災訓練を行うことを計画しています。

杏林堂薬局とエネジンは、定期的に防災活動を行い、情報交換を進めることで、未来に続く新たな価値を世に送り出し、次世代につないでいきます。

ご静聴ありがとうございました。

杏林堂薬局とエネジンの協定イメージ

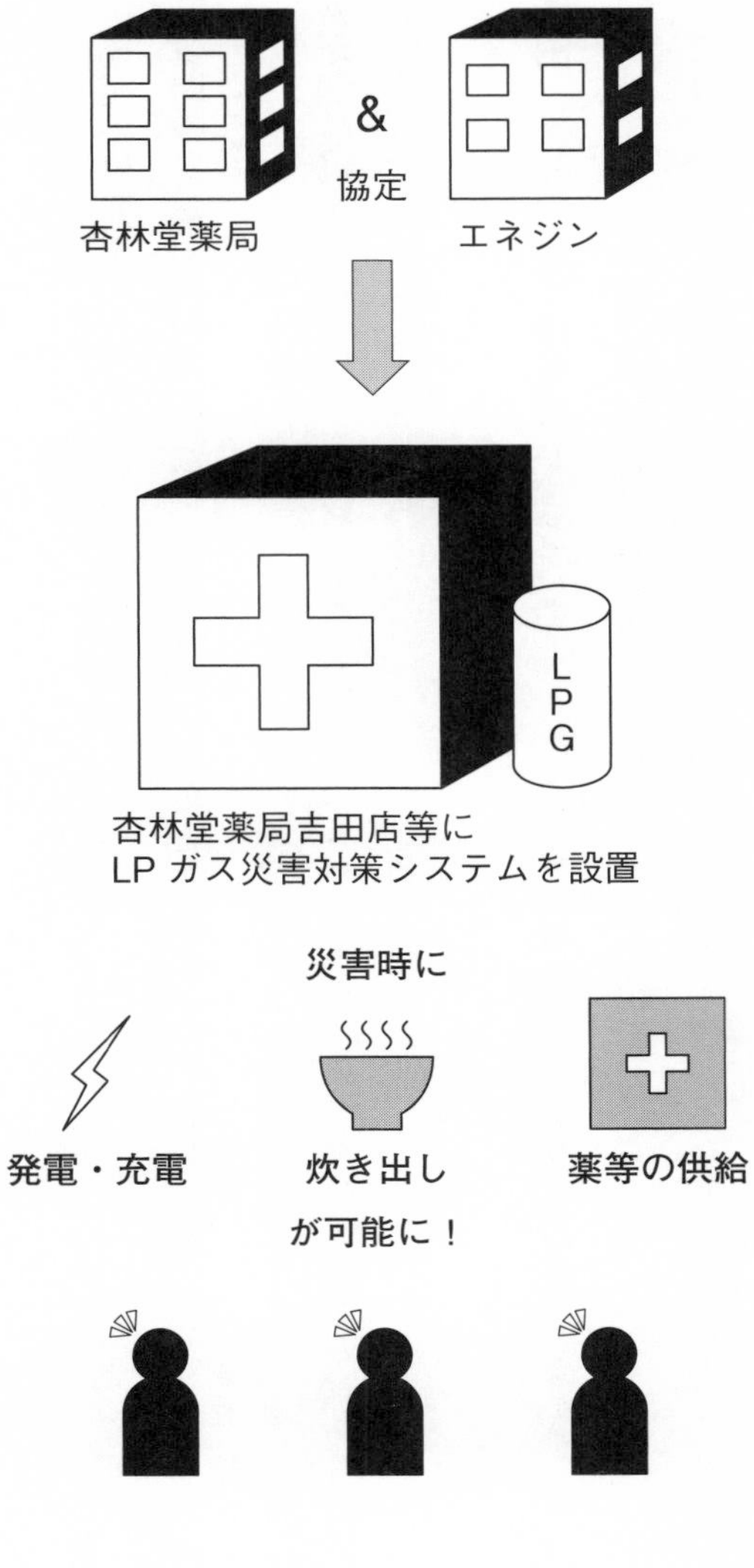

■記者からの質問に答える

協定の概要説明のあと、質疑応答に入りました。

質問のある記者の方には挙手をお願いし、端的に答えるスタイルです。

A新聞　協定の締結に至った経緯を、お互いのメリットも含めて両社代表から、あらためてお話しいただきたい。

青田　杏林堂薬局の青田でございます。杏林堂薬局は創業119年を迎えますが、これまですべての売上は地域の皆さまからいただいたお金です。

ですので、やはり地域の人たちへの貢献ということが企業にとって一番大事なことと位置づけ、特に今日、地震・台風・大雨など、いろいろな災害が日本を襲うなか、地域の人たちの安全を守るために、杏林堂薬局として取り組むことが私たちの使命と考え、この協定に至りました。

藤田　エネジンの藤田です。弊社はLPガスを中心に浜松市、静岡県にてエネルギー供給事業を営んでおりますが、やはり有事の際には、エネルギーが非常に重要になります。エネルギー供給事業者として、その責務を果たすべく、災害対策を常日頃から行っております。そのなかで感じたことは、自社だけでなく、社員やお客さま、さらに地域に広げていく必要も大きいということで、今回、防災活動パートナー協定を結ばせていただきました。

杏林堂薬局さまとの関係は、この協定に先立つ2017年にCSRに関する協定も結んでおり、さまざまな提携、協力関係にありますので、今回、防災や事業継続という点についてもお互いの意識や考え方に共鳴するところがありまして、協定の締結に至りました。

A新聞　青田社長、2018年の台風の際は店舗で停電が発生しましたが、そういったことも、協定に至る大きなきっかけになったのでしょうか。

青田　はい。やはり弊社も県内全店で81店舗あるうち、半分近くの店舗が停電で、その間、商品の販売ができなくて苦労しました。そのときに「非常用の発電機があればどれだけよかったか」と痛感しました。そういったこともあり、今回の協定に至りました。

B新聞　今の概要のご説明だと、吉田店にはすでに導入されていて、全81店舗にはこれから導入していくということでよろしいのか。それと、全体で投資額はどれくらい見込んでいらっしゃるのかを教えていただきたい。

青田　既存店の全店にすぐに導入することは経済的にも厳しいので、すぐには考えてはいません。ただし、今後、大型店舗については、こういったLPガス災害対策システムを入れていきたいと思っています。全体の投資予算額については、まだ正確には見積もっていません。

C新聞　今回の協定の両社の役割分担を整理していただくと、お互い、どういう役割を担っていくことになるのでしょうか。

藤田　まず弊社の専門性を活かして、LPガス災害対策システムを杏林堂薬局店舗さまに設置させていただくという点。それから有事の際に、このLPガス災害対策システムを活用して、地域への貢献を行うということ。それから3点目として、地元の企業として地域の皆さまの危機管理の啓蒙活動を行い、お互いに切磋琢磨して防災活動を継続して行い、地域の未来をつくっていくということ。

ですから、主にはLPガス災害対策システムの設置やエネルギー供給といったところを弊社、エネジンで行わせていただく。それから実際に有事の際に、地域に電源を供給されるのは杏林堂薬局さまの店舗に役割を担っていただく。日頃の啓蒙活動は杏林堂薬局さまの店舗セミナーで行い、そこにエネジンも専門知識と人を提供して協力させていただく。そのように考えております。あとは、付随するいろいろな企画ですね。家族の防災コンテストとか定期の防災訓練などは、われわれと杏林堂薬局さまと行うだけでなく、地域の自治会の方を招いて複数の企業・団体が、共同で臨機応変に対応していく。そういった協力体制で取り組みます。

■記者発表が新聞記事に

記者発表はこのような流れで行われました。その後、調印式を行い、フォトセッション（取材用の写真撮影の時間）。それが、次ページのように紙面に掲載されました。取組後のエネジンの社員たちの声をご紹介しておきましょう。

□特販部　杉本真一の声

「緊張しました。こんなに記者さんやカメラが来るなんて。それだけ注目されているんですね。防災でお役立ちできることがわかり、自信を持っておすすめします」

協定締結がニュースに

店舗にガス発電導入
杏林堂とエネジンが防災協定

ドラッグストアチェーンの杏林堂薬局（浜松市中区）とLPガス販売のエネジン（同）は1日、防災活動パートナー協定を締結した。杏林堂薬局の店舗にLPガス災害対応システムの設置を進め、災害時にも機能を維持し、被災者への支援活動ができるようにする。

協定書を取り交わした杏林堂薬局の青田英行社長（左）とエネジンの藤田源右衛門社長＝1日午前、浜松市中区の杏林堂薬局本社

システムはLPガス非常用発電機と燃料貯蔵用のバルクなどのセット。店舗で商品供給、管理・発注、薬の処方などが可能になるほか、地域住民向けに携帯電話充電用の電源供給、炊き出しなどもできるという。杏林堂薬局は全81店舗のうち、吉田店（吉田町）に同システムを設置した。12月に新設予定の浜北小松店（浜松市浜北区）をはじめ、大型店舗を中心に導入を進める方針。

協定には、店舗や設備を利用した住民向けの防災セミナー、防災訓練の実施なども盛り込んだ。杏林堂薬局本社で行われた協定書調印式で同社の青田英行社長は「住民の安全を守るためにできることをやっていきたい」と話した。エネジンの藤田源右衛門社長は「有事の際はエネルギーが非常に重要になる。広く地域に貢献したい」と述べた。

「静岡新聞」2019年７月２日

杏林堂 災害時電源を確保
エネジンと協定

❶協定書を示して握手する杏林堂薬局の青田英行社長㊧とエネジンの藤田源右衛門社長＝浜松市中区で ❷エネジンが設置したLPガス貯槽ユニット（手前のタンク）などの災害対策システム＝吉田町の杏林堂薬局吉田店で（杏林堂薬局提供）

ドラッグストアの杏林堂薬局（浜松市中区）とLPガス・電力販売のエネジン（同）は一日、防災活動パートナー協定を締結した。杏林堂の店舗にエネジンが非常用のLPガス発電機やガス貯槽ユニットといった災害対策システムを設置する。停電時の電源を確保して店で薬を処方したりレジを使ったりできるようにする。

杏林堂薬局本社であった締結式で、同社の青田英行社長は、昨年の台風24号を振り返って「全八十一店舗中、半数近い店舗が停電した。非常用の発電機があればどれだけ良かったか痛感した」と話し、協定締結の大きなきっかけになったとした。

エネジンの藤田源右衛門社長は「有事の際にはエネルギーが重要になる。供給事業者として地域に貢献したい」と述べた。

災害対策システムは吉田店（吉田町）に既に設置したほか、今年十二月にオープン予定の浜北小松店（浜北区）にも置く。今後は各自治体の大型店を中心に設置を検討する。

発電した電気は携帯電話の充電サービスや炊き出しにも活用する。協定ではこのほか、両社が連携して防災セミナーや訓練を実施することも盛り込まれた。（鈴木啓紀）

「中日新聞」
2019年７月２日

杏林堂薬局とエネジンが協定

杏林堂薬局（浜松市）とLPガス販売のエネジン（同）は1日、浜松市内のホテルで「防災活動パートナー協定」を結んだ。

エネジンが市民の防災意識向上を目的に実施しているセミナーを杏林堂薬局の店舗で開くほか、家庭の防災コンテストや防災訓練を実施するといった活動を想定している。杏林堂薬局は大型店舗にエネジンのLPガスタンクや非常用発電機導入し、災害時の営業継続や炊き出し、携帯電話充電用の電源供給などに役立てる。

「日本経済新聞」2019年７月２日

□特販部　池谷英久の声

「お客さまに地元のビッグネームである杏林堂さまとの新聞記事を見せると、話も聞いてくれるし、効果があります。『ＢＣＰ設備の導入は、利益は生まないけど取り組まないといけないことだよね』『実は元請けから発電機を導入しろって言われているんだ』といった問い合わせも増えました」

あくまで一例ですが、このような取り組みを、当社では営業の一環、そしてＣＳＲ活動の一つと位置づけて実施しています。

コンパクトに整理しておきましょう。

①当社と相手先（ここでは杏林堂薬局）のニーズ・課題や重要な社会的な課題をお互いに整理整頓する

②協働できるところで協力体制を組む（後述する「アライアンス」）

③そのアライアンスによって社会課題（ここでは防災など）の解決に取り組む

④社会課題の解決のうち、協定を結ぶ必要性の高いものについては、協定づくりに取り組む

⑤協定に至る対応を、新聞紙上などでご紹介いただく（後述する「メディア化」）

⑥紹介されるような会社であることを、地域社会に理解してもらう

では、なぜこのような取り組みを行うようになったのか、また、実際にはどのような企画を、どのように行っているのか、その取り組みが当社にどう活かされているのか、さらに、どのように進めたらよいのかなど、本題に入っていきましょう。

第1章

地域の元気が会社の元気になる

地域に根ざして事業を展開する会社

すでにご紹介したように当社の主力商品はＬＰガス（Liquefied Petroleum Gas：液化石油ガス）です。静岡県の政令指定都市の一つ浜松市を中心に、県内全域を主な営業エリアとして、企業や店舗、ご家庭にＬＰガスを供給しています。

一般にエネルギーとしてのガスは、都市ガスとＬＰガスに分類され、その原料成分や特徴、供給方法などが異なります。都市ガスは、主成分はメタン、エタンであり、パイプラインによって供給されます。ＬＰガスは、主成分はプロパンであり、家庭用ではガスボンベをトラックに積んで配送します。

また当社では、ＬＰガスに加えて、生活の基盤を支えるエネルギー関連事業を多方面にわたって展開しています。

エネジンがどのような事業を展開しているか、その全体像を知っていただくために、まず事業概要・内容を列挙しておきましょう。

■住生活に関するさまざまな事業

①家庭用LPガス供給事業

静岡県西部を中心に、県下約5万件のお客さまにLPガスを供給しています。また、ガスを安全にお届けするだけでなく、ご家庭の日々の暮らしのなかで、LPガスを使った「調理」「給湯」「冷暖房」などを、もっと便利に、もっと快適に使っていただくためにさまざまな提案を行っています。

②法人用LPガス供給事業

LPガスの特徴の一つとして、環境汚染物質が少ないということが挙げられます。そのクリーンエネルギーであるLPガスを、飲食店やホテルなどへの業務用に、また、工場などへの工業用に、さらに、ガススタンドにおいてタクシーへの自動車用に、と幅広く供給しています。ＬＰガスを供給することでは家庭用も法人用も同じ事業内容ですが、営業の形態が異なるので、当社の事業としては分けて対応しています。

③太陽光発電・次世代エネルギー事業

家庭用、事業用太陽光発電システムや家庭用蓄電池システムを幅広く取り扱っています。オフィスやご家庭での発電状況に応じて柔軟に対応し、提案・施工・アフターサービスの三本柱で真の省エネを実現します。

④電力代理店事業

複数の新電力会社の代理店として、電気とガスをうまく併用して活用する仕組みなどお得なプランを提案しています。ご家庭や法人の状況に応じたプランにより、エネルギーコストの削減をお手伝いしています。

⑤住宅事業

パワービルド工法をはじめとする高品質の住まいづくりで、安心・快適・エコロジーな戸建・分譲住宅を提供しています。総合エネルギー企業としての当社の特色を活かした次世代スマートハウス「ＨＥＭＳ（Home Energy Management System：ホーム・エネルギー・マネジメント・システム。家庭で使うエネルギーを節約するための管理システムのこと）」にも積極的に取り組んでいます。

⑥リフォーム事業

数千件のリフォーム実績、豊富な施工メニューを背景に、お客さまのニーズ・課題を踏まえた家づくり・リフォームをお手伝いしています。また、地域に根ざした企業ならではの対応力にも高い評価をいただいています。

⑦空調事業

住生活の省エネルギー＆コストダウンを考える際には欠かせないのが空調機器。ご家庭からオフィス・工場まで、環境に合わせた空調機器のコンサルティングを行っています。ルームエアコンからガスヒートポンプ（ＧＨＰ）、断熱塗料まで、幅広い商材を取り扱っています。

⑧アクアクララ事業

「アクアクララ」は、飲料水製造・宅配事業を行うアクアクララ社の製品で、「安全でおいしい水」というだけでなく、災害時の備蓄水としても注目が集まっています。当社では、この「アクアクララ」の宅配事業などを取り扱い、静岡県西部地域に供給しています。ＬＰガスの供給で培ったネットワークを活用し、「ご注文翌日配送」など独自の取り組みを行い、きめ細やかなサービスを展開しています。

■小規模ではないが大手でもない

営業エリアや業界内での位置づけについて触れておきましょう。

営業エリアは前述のように静岡県全域で、本社を浜松市に置き、県内に14の拠点を設けています。その14拠点合わせて約5万件のお客さまにLPガスの供給などを行っています。

LPガス業界には全国で1万9000店以上の小売事業者がありますが、売上ベースで見ると当社は50位前後のランクにいます。決して小規模な事業者ではありませんが、LPガス業界の大手というわけでもありません。恐らくこの本を手に取ってくださった皆さまの会社と同じように、中小企業であっても地域に根ざして事業を展開し、成長していきたいと願っている企業の一つです。

ちなみに、静岡県内に絞ると同様の基準では約600社中の5位。同業他社としのぎを削って営業展開していることに変わりはありません。

地域密着の中小企業ならではの「悩み」

■商品が差別化しにくく、会社の強みも伝わりにくい

どのような企業にも、強みもあればウィークポイントもあります。今後、できるだけ解決していきたい〝前向きな悩み〟といったものもあるでしょう。自社に限ったものもあれば、同業者・同業界に共通したもの、またその地域に特有の悩みもあれば全国、どの企業にも共通する悩みもあるはずです。

当社の例で言えば、具体的には次のような悩みがありました。

①差別化が難しい

当社の主力商品は、ボンベに入ったＬＰガスです。中身はプロパンが詰まっています。一言でいうと、他社との差別化がしにくい商品を主力に扱っています。

ガス業界は、みな同様の悩みを抱えています。そして、それを打破するために、いちばん手っ取り早い対応は価格競争、条件勝負です。少なからぬＬＰガス会社が低価格競争、好条件を競い合い、極端にいうとお客さまの奪い合いを行っています。

②利益率が低下している

商品で差別化できにくく、価格競争になってくると、どうしても利益率が低くなり、販売促進費がかさんできます。「安ければ、それがいちばん」というお客さまもいますが、供給側の視点に立てば、危険物であるガスを安全にお届けできない、あるいはライフラインであるエネルギーを、自信を持って安定供給できないような低価格は、決して誰のためにもならないと考えています。

③会社の強み（品質・サービス）が伝わらない

商品の差別化ができにくい場合、会社としては、価格以外では品質やサービス面の優位性を、お客さまに訴求することが多いはずです。ＬＰガスの供給会社としては、安全確保や安定的な供給体制のほか、ガス機器取扱いの技術力など品質面が訴求ポイントになります。

ところが、こうした当社の強みはお客さまには伝わりにくいのも事実です。きっと、ガスは生活の基盤となる産業であり商品なので、「あって当たり前。当然、安定的に供給されるべきもの」と考えられているからではないでしょうか。

④静岡県中・東部での知名度が低い

「静岡県内全域で営業を展開」と前述しましたが、実態は本社のある浜松市を中心とした県西部が主要エリアで、静岡市がある県中部、沼津市や三島市などの県東部では知名度が高くはないのが実情です。ＬＰガスの供給先件数で示すと、県西部が3万件強なのに対し、県中・東部は合わせても2万件に満たない状況です。県内のそれぞれの地域にライバル他社が存在し、しのぎを削っているのです。

端的に言うと「静岡県の西部では知名度があるけれど、中・東部では知名度が低い」という悩みがありました。

⑤〝守り〟の業務で社員のモチベーションが低下する

商品での差別化ができにくく、利益率が低く、当社の強みが伝わりにくい……となると、当然ながら社員は「既存のお客さまだけは死守しよう」とか「今の仕事はミスのないようにしよう」など〝守り〟の業務に意識が傾いてしまいがちです。

それは、本来あるべき会社の姿とは言えません。そして、そのような業務だけになってしまうと、当然のように社員のモチベーションは低下してしまうのです。

⑥チャレンジ精神が弱くなる

前記①～⑤の「悩み」があると、新しく打って出ようという気概というか、チャレンジ精神が社内になかなか育ちません。他の会社も同様でしょうが、ＬＰガス会社にとってもそれは由々しき事態で、〝将来のメシのタネ〟をまきそびれてしまうことになります。

つまり社内に、「おとなしく、失敗を避け、今と同じ仕事をやっていればいい」という気分が生まれかねないのです。

■元気な会社が増えれば、地域も活性化する！

このように①〜⑥の悩みは、お互いに絡み合い、何かしらの施策を打ち出して抜け出さないと業績低迷の袋小路に入ってしまいかねません。

そしてこうした悩みは、実は当社に限ったものではなく、地域・業界を問わず多くの会社がお持ちなのではないでしょうか。程度の差はあっても、どんな会社も現状に悩みを抱え、何とかしたいと思っているはずです。

だからこそ、**自社だけで悩んでいるのではなく、多くの会社が協力し合って新しい施策に取り組む**ことが大切だと考えます。

そうやって、たとえば地域の企業がお互いの悩みを補い合いながら共に成長していけば、その地域は活性化していくはず。

地域のなかに「元気な会社」が増えれば、「一緒にこのような販促やイベントをやりませんか?」という声も増えてきます。点が線に、線がつながって輪になり、そしてその輪が大きくなっていくのです。

「悩み」を克服する3つの取り組み

前項で紹介した「当社の悩み」は、私たちだけに限ったものではなく、多くの会社に共通する悩みであると述べました。であれば、私たちの「悩みの克服法」も多くの会社できっと参考になるだろうというのが本書出版の目的です。

私たちは「当社だけが悩みを克服できればそれでよい」と考えているわけではありません。**地域全体が活性化することが重要**だからです。

この視点が重要なことは、当社と同様の地方の企業なら、ご理解いただけるのではないでしょうか。地域が疲弊しているのに自社だけが優位に立つ、元気になるという状況は、まったく内需に依存しない、あるいは余程の最先端技術などを有している企業以外にはあり得ません。

次に挙げる「3つの取り組み」は、私たちなりの「悩みの克服法」です。

数年前からこの取り組みを実践していますが、当初からでき上がった手法なりスキームとして展開していたわけではありません。試行錯誤しながら徐々に形づくってきたものであるとご理解ください。

それではどのような取り組みであるか、具体的に紹介してまいりましょう。

■取り組みその1「CSRを活用したブランディングを行う」

第一の取り組みは**「CSRの活用」**です。

CSRは「企業の社会的責任」と訳されます。企業は、利益を追求する存在、すなわち株主や経営者の私的な所有物という存在を超え、その活動は**お客さまや社員、取引相手、さらに地域の住民といったステークホルダー（利害関係者）の利益を実現すること**が求められます。そのような社会的存在として事業活動を行っていく責任がCSRだと私たちは理解しています。

このCSR活動には、ISOなどの規格の認証を受けることもあれば、ボランティア活動なども含まれます。いっとき大手企業を中心に行われてきた全国の植樹もその一環ということもできます。

ところが当社では、前述したようにCSRを**「地域社会やその地域の団体・企業のお困りごとの解決を図ること」**と捉え、それを自社のブランディングに活かしていこうと考えたのです。

プロローグでご紹介した杏林堂薬局との協定締結も、「有時の対応」を地域の〝お困りごと〟と捉え、そのことに防災も含めて対応していくことがCSRの観点から欠かせないと考えました。それによって、地域の大手ドラッグストアチェーンと協定を締結。そして、社員の声でご紹介したように自社のブランディングにもつなげていきました。

こうした一連の取り組みが「CSRの活用」です。

■取り組みその2「アライアンスを活用して相乗効果をもたらす」

第二の取り組みは**「アライアンスの活用」**です。

アライアンスとは、業務提携や戦略的同盟なども呼ばれています。**「異業種も含めた複数の会社が、互いの利益のために協力し合うこと」**と考えればよいでしょう。そのためには、従来の取引関係の枠を超えて、異なる会社間で、お互いに設備や人員などの経営資源を活用し合うケースもあります。

当社ではこのようにアライアンスを捉え、これを有効活用して互いのメリット・相乗効果を発揮できるように対応しています。

協定締結も、アライアンスと呼ぶべき形態の一つ。会社としての独立性・独自性は保ちつつ、防災において、すなわち特定の取り組みに関して業務提携をしていくからです。その取り組みによって、お互いが感じている地域のお困りごとに対応できれば、地域に貢献することもでき、さらに両者の利益にもつながります。

これは複数の会社がアライアンスを組むことによって初めて実現する相乗効果といってよいでしょう。

■取り組みその3「メディア化がマーケティングにつながる」

第三の取り組みは**「メディア化」**です。

メディア化とは新聞に記事として掲載いただいたり、テレビの地元ニュースや情報コーナーなどで紹介いただいたりすることです。

しかし、こればかりは相手の編集上の権利などの関係もあるので、確実に実現できるとはいえません。

とは言え、前記の「CSRとアライアンスを活用する取り組み」を行った場合は、そうした情報をメディアに伝えるべきだと私は考えています。なぜなら、その取り組みが特定の会社・団体の利益になるのではなく、地域が元気になることにつながるからです。何より、**地域の方々がせっかくの取り組みを知らなければ、活動の効果は半**

減してしまいます。地域住民が、杏林堂薬局吉田店に行けばスマホを充電できるということを知っていれば、有事の際、大いに役立ちます。

プロローグでご紹介した記者発表も、そのような考えがあって実施しました。記事になるという確約はないものの、**伝えるべきことは積極的に伝えていく**。その結果を自社のマーケティングに活かすことができるかどうかは、まさに、それぞれの会社や担当者の腕の見せどころなのかもしれません。

■差別化を超えた「独自化」になる取り組み

この3つの取り組みが実現できれば、**「さまざまなステークホルダーの課題を解決することができ、それによりライバル他社との差別化を実現でき、さらには自社独自の市場をつくり上げる」**ことができるでしょう。

最初は他社との差別化をめざして行ったとしても、やがてはそれが独自化につながっていくのです。

なお、繰り返しになりますが、当社は最初からこうした手法を編み出して、取り組んできたわけではありません。仮説を立てて検証したわけでもなく、3つの取り組みそのものが仮説と検証の繰り返しでした。

最初の段階は、

①LPガス会社の差別化戦略として、何か地域のお役に立てることはないかと考えた

その答えが見つかったら、

②どこか一緒に協力して取り組んでいただける会社・団体はないかと考えた

その対応がうまくできたら、

③せっかくだから記事にしてくれるメディアはないかと打診して回った

この繰り返しです。そうした一連の流れが成功したときもあれば、うまくいかなかったケースも少なくありません。その試行錯誤のなかで、成功の確度を高めてきたとご理解ください。

いずれにしても、当社が取り組んできた内容をまとめると、

自社の課題解決を、
他業界や地域社会にまで視野を広げて考えて、
試行錯誤していったら、
意外と成果が出て、
縁もゆかりもない相手に連携してもらったり、
地域のお役に立って喜ばれ、
メディアにも取り上げられるようになっていた。
そしてさらに輪が広がって成果が出ていき、
独自のものになっていった、

というわけです。

第2章

地域のお役に立つ方法（ＣＳＲ編）

地域の役に立つ＝ＣＳＲとはどんなことか

ＣＳＲとは前述のとおり、「企業の社会的責任」のことです。エネジンではそれを「地域のお困りごとは何であるか探して、解決していくこと」としたわけですが、大切なことは「自社にとってのＣＳＲ」とは何かを考えること。それが、結局、収益に結びつくＣＳＲとなるはずです。

■それは「受け身のＣＳＲ」かもしれない

ＣＳＲ活動を、私たちなりにもう少し厳密に定義すると**「自社の利益を優先して追求するのではなく、事業活動を通じて想定し得るさまざまな社会ニーズ・課題に対応**

し、**会社と社会の相乗的な発展を図る活動」**と言えます。この定義で重要なのは、

・事業活動を通じて
・会社と社会の相乗効果を図る

という2つの点です。これを言い換えると、**事業活動と関係のない、いわゆるボランティア活動、善行を行ってもエネジンにとってはCSRとは言えず、会社と社会がお互いに成長できなければCSRとは言えない**ということです。

ところで、皆さんの会社ではCSR活動をやっているでしょうか？　また、取り組んでいるとしたら、それはどのような活動でしょうか？　そして、その活動は業務に結びついているでしょうか？

そのように質問をすると、

「社屋の近隣の清掃を社員総出でやっているよ」

「毎年、利益の一定額を寄付に回しています」

「ずっと地域のお祭りに参加してきて、今は会社が大きくなったから、自社主催のお祭りに、近隣住民や取引先を招待している。これは欠かせない」

といった答えが返ってくることがあります。

では、**そうしたCSRは自社の本業と深く関わりのある取り組みでしょうか？** そう重ねて聞けば、

「これまでの経緯で、毎年何となく続けているのが正直なところだね」

「地域のお祭りはライバル企業も参加しているので、参加しないっていう選択は負けを意味すると思う」

といった答えが返ってくるケースもあります。

これらは、ひょっとすると、自社としては能動的に活動しているつもりでも、実態は**「受け身のCSR」**なのかもしれません。

確かに当社もかつては、そのようなCSRに取り組んでいましたし、今もそのよう

な受け身のＣＳＲがまったくないとは言いません。

もちろん地域や価値観、属性などによって多種多様な捉え方ができるのが「社会」ですから、ＣＳＲについてもいろいろな考え方ができるでしょう。

ただ、そうした社会の定義や、社会における自社の立ち位置を考えることなく、とにかく貢献できそうなことを闇雲にやっていこうというようにＣＳＲを捉えてしまうと、どうしても他社の先例を模倣したり、これまでの積み重ねを重視したりするだけの「受け身のＣＳＲ」になりがちです。

それではいつまでたってもＣＳＲを本業に活かすことは難しく、会社と社会に対する相乗効果は生まれにくいのではないでしょうか。

■「戦略的なＣＳＲ」とは何か

そこで、当社では受け身ではなく能動的、もっと言えば**「戦略的なＣＳＲ」**というものを考え、実践をしてきました。

さまざまな捉え方のできる「社会」であっても、そのなかで解決すべき問題や課題というものは確実に存在しています。

それを会社として探り出し、自社で対応できれば自社で、対応が難しければ他社と協働して解決していくわけです。もっとも、実際には自社だけで解決できることは少なく、仮に解決したとしても、そこに楽しみや充実感がそれほどないことが取り組むなかでわかってきました。また最近では、他社が感じる社会課題の解決のお役に立つことで、自社の存在意義を強く認識できるようになっています。

さらに、この**「社会課題を解決することが、その社会と自社にとって有益である」**といった価値観が広く共有されていけば、社会課題の解決はより促進され、それによって会社には利益がもたらされるでしょう。

これが私たちが考える「戦略的ＣＳＲ活動」の定義です。

つまり、ＣＳＲは、ビジネスへの貢献と社会の変化（進展・高度化）に応じて、次の図のように進化していくと捉えることができます。

進化する CSR

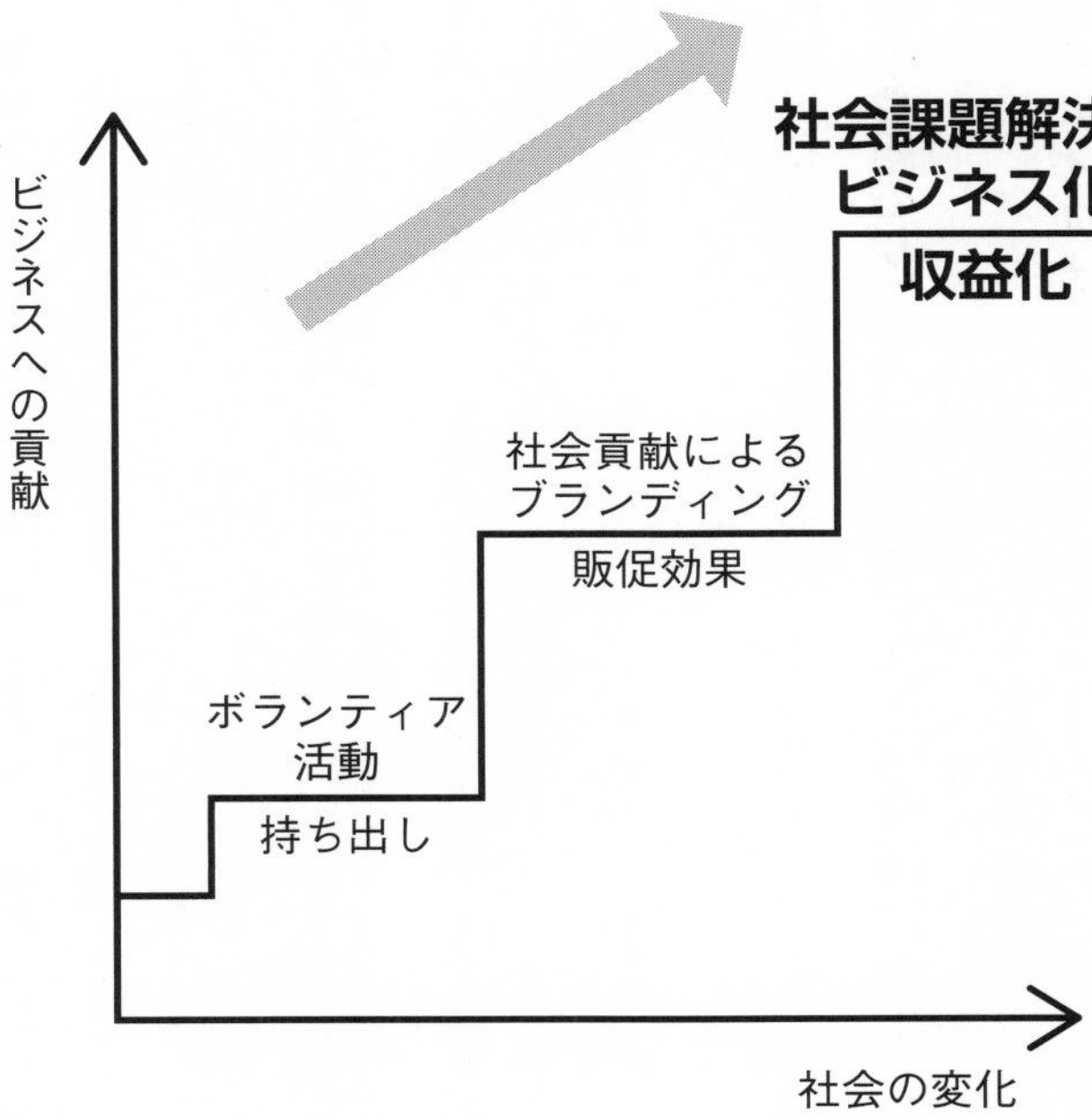

**企業と社会の WIN＆WIN が進展し、
CSR が持続・拡大している**

かつてＣＳＲ活動は、株主や従業員、国への責務を果たす以上の、寄付や善行といった「ボランティア活動」の一種と捉えられていました。それが、社会の変化とともに「社会貢献によるブランディング」へと捉え方が変わり、現在は**「社会課題解決のビジネス化」**として捉えられるようになってきたのではないでしょうか。

ＣＳＲを本業と別の存在として捉えるのではなく、本業に結びつくという意味でのビジネス化が進みつつあるのです。一言でいうと**「ＣＳＲと利益を結びつける」**という考え方が、広まりつつあるのかもしれません。

そして、それは、自社と協働相手、自社と社会のＷＩＮ＆ＷＩＮの関係の構築をめざしているからこそ、受け入れられるのでしょう。

このようにＣＳＲを「社会課題解決のビジネス化」と捉えれば、そこに**「何に、いつ、誰がどう取り組むか」といった戦略性**が生まれてくるのです。

■ステークホルダーが抱える多様なニーズ・課題

戦略的ＣＳＲ活動の対象は、**「ステークホルダー」**と言うこともできます。ステークホルダーとは**会社をめぐる利害関係者**のこと。一般的には次のようなステークホルダーがいて、それぞれが会社に対して次のように多様なニーズ・課題を持っています。

①お客さま

安くてよい商品・サービスの提供だけでなく、お困りごとの解決や素晴らしい体験を提供してほしい。

②株主

安定配当だけでなく、社会と調和しつつ会社を成長発展させてほしい。

③地域住民

雇用促進や公害防止だけでなく、地域の課題解決や活性化をしてほしい。

④仕入先・協力会社

正しく仕事を発注するだけでなく、新たなビジネスチャンスを創出してほしい。

⑤ＮＰＯやＮＧＯ

人材や資金的な援助だけでなく、多様な交流をしてほしい。

⑥行政

納税や雇用だけでなく、行政の課題解決を手助けしてほしい。

⑦従業員

給与はもちろん、働きやすい職場環境、やりがいのある仕事をつくってほしい。

ここに挙げた以外にも取引銀行、従業員の家族、学校や商店街など実は多様なステークホルダーが存在し、それぞれが多様なニーズ・課題を持っています。

このとき大事なのは、そうした**ニーズ・課題を確実に探りあてること**です。

地域住民というステークホルダーも、本当は「地域を活性化してほしい」ではなく、「産業廃棄物が確実に処理されたかどうかを確かめてほしい」「工場を災害時の避難所として提供してほしい」というように、ここに挙げたものと異なるものを最優先のニーズ・課題として持っているケースがあるからです。

これらを確実に探りあてることがポイントです。

いろいろなCSR活動に取り組んでみた

■最終的には本業から離れない

当社では、次のような本業に関連するという点を外さずに、この戦略的CSR活動に取り組んできました。

・エネルギーの安定供給・安全確保と啓蒙につながること
・防災や防犯対策など安全安心な町づくりにつながること
・快適な住環境、健康で文化的な生活の創造につながること
・従業員のスキルアップ、モチベーションアップ、採用増につながること

・金融機関、取引先の事業繁栄のお役に立ち、安定的な取引につながること

戦略的CSR活動は、本業を離れては成立し得ません。**どのような取り組みであっても、社会課題の解決だけでなく、本業につながり、自社の利益にも貢献し得るような取り組みを推進していきます。**当社の具体的な取り組みをご紹介しましょう。

①太陽光発電授業

これは当社が最初に取り組んだCSR活動で、営業所周辺の小学校へ出張し、主に小学5年生を対象に実施しています。授業の前半は、座学でエネルギーとは何か、化石エネルギーとはどのようなもので、無限ではないということ、再生可能エネルギーとはどのようなものか、イラスト付パネルを使ってわかりやすく説明し、地球温暖化などの環境問題について考えるきっかけをつくります。

後半は、実際に太陽光パネルを皆で協力して組み立て、太陽光で発電した電気により電化製品が動くかどうか実験します。

小学校での太陽光発電授業

日常生活では、当たり前のようにスイッチ一つで電気がつきます。現在の子どもたちは、なぜ電気がつくのか？　どうしてテレビや扇風機が動くのか？　といったことを考える機会はあまりありません。私たちにとって欠かすことができないエネルギーが今どのような状況なのか、エネルギーの問題を伝えその解決策として地球にやさしい「太陽光発電」という手段があるということを伝えています。

２０１２年度から始まり、現在までに約３５００人もの子どもたち、先生方と出会うことができました。太陽光発電授業に関連して当社のＣＭソングを歌ってくれる取り組みがあったり、先生からは太陽光発電についての質問もあったりと、楽しくエネジンの取り組みを伝えることができています。あるお客さまは、お孫さんがこの授業を受けたからということで、太陽光パネルを当社でご契約くださいました。

□環境エネルギー課　一柳隆伸の声

「こんなに子どもたちが喜んでくれるとは想像していませんでした。太陽光を取り扱う部署にいてよかったです。授業をやるまでは、普通に仕事をしていたほうが、会社のためになるんじゃないかと思っていましたから……。自信を持って自社の太陽光発電をおすすめできます」

□営業企画部　早川智浩の声

「太陽光パネルを組み立て、扇風機やNゲージを動かしたときの子どもたちの歓声はすごかったですね。こんなに喜んでもらえるなんて。Nゲージを動かして一緒に遊んじゃいました」

②新エネルギー・省エネルギーの啓蒙活動

環境セミナーや環境フェアなどを実施。環境セミナーとしては、浜松市民の皆さま向けに環境・省エネ勉強会を実施しています。浜松市の主催でソラモというギャラリーモールで開催された環境フェアに参加して自然エネルギー活用や蓄電池のＰＲ活動を行っています。

また、当社のお客さまだけでなく、広く一般に募集して省エネ診断を実施しました。

生活エネルギーに興味があるすべての人を対象に、住宅のエネルギー使用状況から電気製品や給湯器の省エネ性能までトータルに診断して、最適な省エネ対策をアドバイス。「環境・家庭・家計」にやさしいエネルギーライフをサポートしています。さらに省エネに関する改善提案を全従業員に対して募集、親子省エネ・創エネ教室の開催、などを行っています。

こうした取り組みが評価され、2013年には浜松市から「新エネ・省エネ対策トップランナー特別賞」をいただきました。

③防犯活動

静岡県内にある各警察署（浜松中央・浜北・湖西・浜松東・細江警察署）の指揮のもと、犯罪への注意喚起、防犯啓発活動に取り組んでいます。当社の営業車に「パトロール中ステッカー」を貼って、地域巡回活動、声掛けや見守り活動の実施など、犯罪の未然防止に取り組んでいます。さらに訪問販売における悪質勧誘の排除や振込め詐欺の防止を呼びかけ、犯罪者を寄せ付けない町づくりをめざしています。

防災・防犯活動

また、浜松市各区で行われる安全会議意見交換会を通じて、地域と連携した防犯活動への取り組みを進めています。

④防災活動

定期的に自治会が行う防災訓練に参加、お手伝いをしています。ＬＰガス小型発電機による電源確保、家具固定の実演、また避難所生活を想定した非常食を使った料理教室などを行っています。防災訓練は、地域に暮らす方全員の命を守る取り組みです。

さらには、地域で生活する障がいを持つ子どもとそのご家族に対する共同防災訓練など、防災を通じた交流も進めています。

⑤健康増進活動

システムキッチンやシステムバスなどの住宅設備メーカーとタイアップし、炭酸泉を入れた最新のバスルームで、入浴の心地よさを実感していただく取り組みを進めています。

また、健康維持・促進のための料理教室や運動に関するイベントを開催しています。小学生を対象としたミニサッカースクールの開催なども、健康づくりの一環と捉えてよいでしょう。

⑥ママ会運営

育児支援団体と協力し、幼稚園情報や子どもたちの防災対策情報を、定期的に提供するセミナーを実施、子育て世帯のママたちの交流の場としています。女性が笑顔で子育てに向き合うため、情報・学び・仲間を得られる機会を提供したいママ支援団体とのタイアップ企画も実施しています。

⑦学校とのタイアップ企画

地元の高校生や大学生に向けて、いい企業に就職したい学生と、いい学生を採用したい企業との接点をつくるべく、地元企業と共同で進めている取り組みです。大学生を対象にしたインターン、地元の大学生と共に行う商品開発の機会創出、高校生による地元企業への取材など、企業と学生を結ぶ出会いの場を提供しています。学生（若者）の集まる、地域の未来を見据えた町づくりのお手伝いです。

□営業企画部　山田孝平の声

「高校生の授業の一環で、地元企業への取材に一緒に行かせてもらい、高校生と地元企業さまとの懸け橋となっているんだなと感じます。また、高校生が地元を知るきっかけをつくれているのではないかと思っています。将来この子たちが、きっとこの町で活躍してくれるはずです」

そのほかにも、**小学生絵画展、観光ＰＲ活動、部活動支援、合唱コンクール**などさまざまな取り組みを、本業との接点を踏まえながら実施しています。

こうした活動の成果の測り方ですが、それぞれの催しごとが盛り上がり、よい評価を得られたか、知名度のアップやお客さまの増加などに結びついたか、本業の売上や

高校生による地元企業の取材

利益に貢献したか、などいくつかの判断基準が挙げられるでしょう。

その観点からいうと、うまくいったものもあれば、そうとは言えないというものもあります。実は厳密な評価基準を設けるのは簡単ではありません。

そこで、当社としては地域からの「リクエストがある」ことに加え、**自社が「継続できるかどうか」**を判断基準としています。


営利を求める企業にとって、会社として「続ける気持ちになれる」ことが、何より地域に役立ち、自社のビジネスにもつながると言えるからです。ご紹介した①〜⑦の活動は程度の差こそあれ、当社にとって継続する意義があると考えているものです。

自社でもできる！「戦略的CSR活動」のつくり方

戦略的CSR活動は、規模や業種・業界にかかわらず、地域社会との接点が重要と感じている会社なら、どのような会社でも実施できます。

もちろん効果がすぐ表れるかどうかは、取り組み内容や会社の意欲、対応などによって変わってきますが、**大事なことは「本業との結びつき」を意識すること、そのCSR活動を最終的には利益に結びつけることを忘れないこと**です。

取り組んでいる内容そのものは、何かしらの社会課題の解決ですから、それぞれの会社の事業とは〝別もの〟であるケースもあります。

しかし、それが本業に結びつくまでの流れを意識して取り組むと、担当者が意欲的になり、より積極的に取り組むようになります。

■グランドデザインを描く4つの手順

では、戦略的CSR活動のグランドデザイン、すなわち大枠の設計図を順序立ててつくっていきましょう。次の4つの手順にそって行います。

①自社とお客さまの関係を抽出する

まず、次ページの図のように、あなたの会社とお客さま、関係者などを線で結び、関係図を描いてみてください。

これにより、あなたの会社とお客さま、関係者とのつながりはもちろんのこと、**CSR活動の対象となる「社会」**が**「どこに、どのような状態で存在しているか」**が見えてきます。たとえば、「お客さまを地域の人々」として捉えた当社の例で示すと、78ページの図のようになります。

自社とお客さまをつなげてみよう

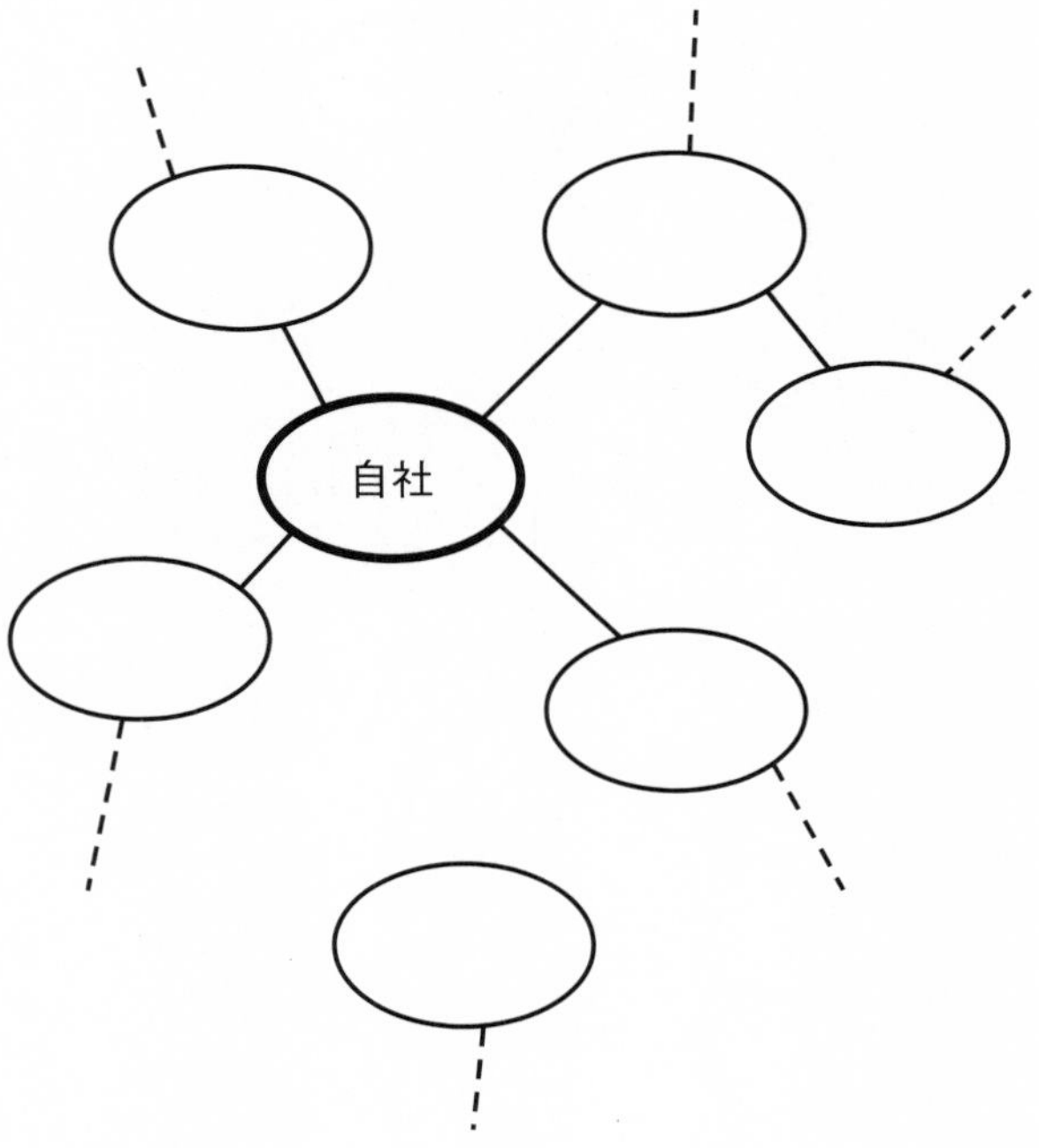

エネジンとお客さまとのつながり

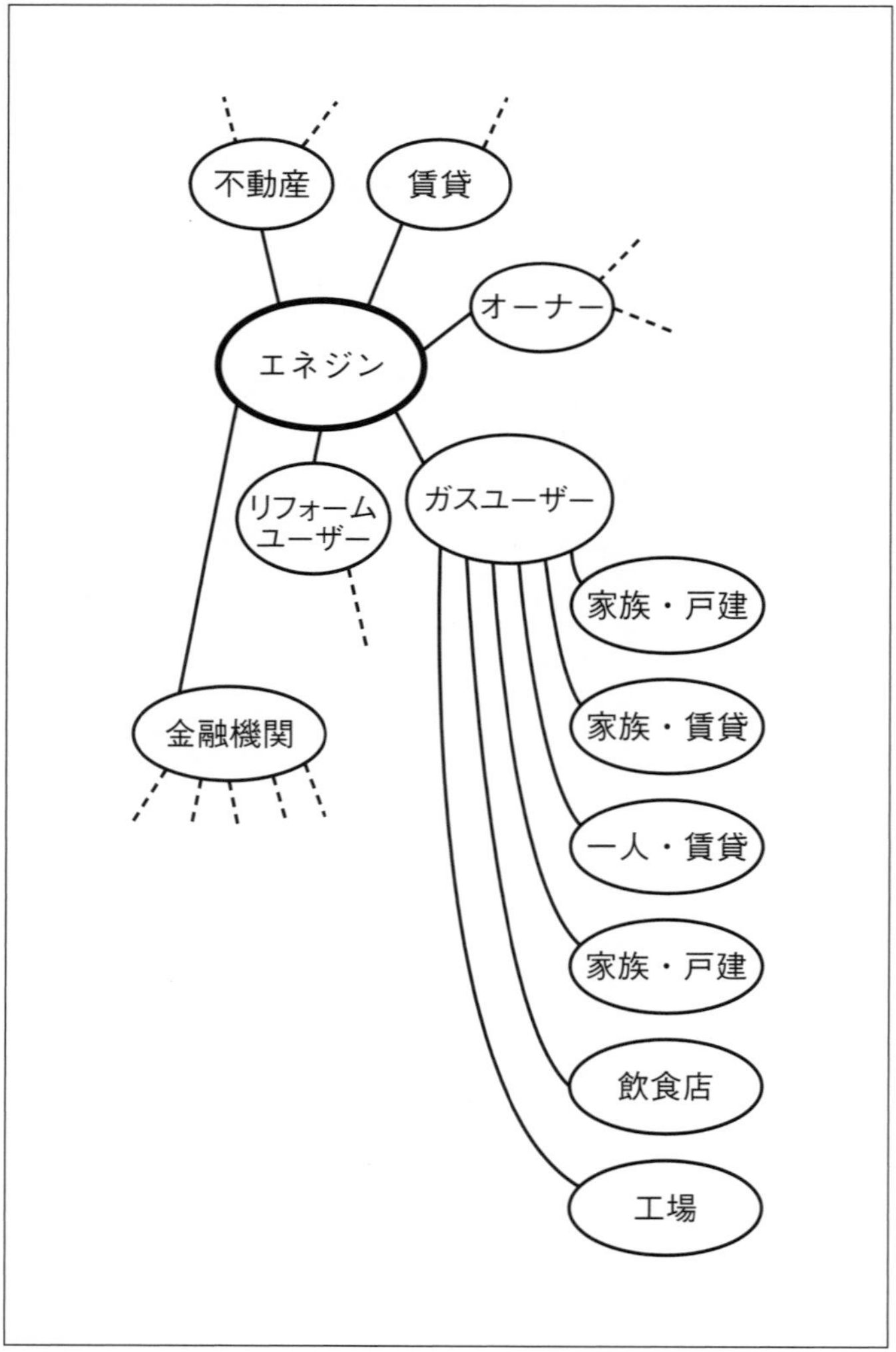

②自社の商品・サービスと強化ポイントを整理する

次に、あなたの**会社の商品・サービスは何であるか、また、それをどのように強化したいのか**を書き出してみます。現在のメイン商品・サービスではなく、今後力を入れていきたい商品・サービスでもかまいません。強化の内容も、売上20％アップといった数値目標でなくとも、「特定の顧客層への認知度を高める」といったことでもいいでしょう。

これから行うCSR活動によって「何を、どうしたいのか」を明確にして、それが社員の間で共有されていることが大切です。

③お客さまのニーズ・課題を掘り起こす

次に**想定する社会のニーズ・課題を抽出**していきます。現実のユーザー、お客さまのニーズ・課題の掘り起こしとなると、通常の営業活動と変わるところはありません。しかし、たとえばお客さまを「地域の人々」と捉えると、そのニーズ・課題も多様になってくるはずです。

また、この段階では、自社の本業に関わるものでなくてもいっこうにかまいません。たとえば、地方の工務店が地域の人々をお客さまとして想定した場合、この段階ではお客さまが求めているのが「高齢化が進んでいるので相続税負担を減らしたい」というものであってもいいのです。その解決により、自社にどう好影響をもたらすようにできるかを考えるのは次の段階です。

そして、ここで大事なことは、顕在化しているニーズ・課題とともに、**潜在化しているものも掘り起こす**ことです。そうすると「聞き取り調査」が必要なケースもあるでしょう。たとえば、地域の方々に、「何かお困りごとはありませんか?」と折りに触れて聞いて回ることも大切です。

④企画書をつくり、実現度を確かめていく

①〜③までができたら、**どんなことができるか**企画を考えていきましょう。躊躇する必要も、遠慮する必要もありません。できることから始めればよいのです。あなたの会社をめぐる「社会」が元気になるのですから。

ただし、ビジネスとして進める以上、**ある程度、実現度の吟味は必要**です。たとえば、先述の工務店の例では「純和風住宅を建築して、相続税負担を抑える！」という企画ではちょっと実現度が低そうです。そうした場合には、もう一度考え直してみます。工務店の顧問税理士が相続税に強い人であれば、「〇〇先生が直伝！　相続税の節税ポイント」というセミナーを企画して、これを自社のモデルハウスで実施すれば、工務店と税理士双方の認知度が高まるので、実現できそうです。

また、「家族と楽しく家具固定セミナー」をモデルハウスで開催し、「良い家が財産を守る！　相続税節税のアドバイス」とコラボで企画することも、できなくはありません。アイデアは無限にあり、そのアイデアをブラッシュアップしていく力が求められるのです。

参考までに、83ページで当社で「家具固定セミナー」というCSR活動を実施したときの企画書をご紹介しておきましょう。このようにまとめると、「何をやりたいのか」が整理されてきます。

実際には、「当社の企画に工務店が乗ってくれた」という逆の形になりましたが、この「家具固定セミナー」は複数回開催され、成果を上げることができました。以下は仲田建築株式会社、仲田取締役の声です。

「父親が大工で、自分は二代目として仕事をしていましたが、ハウスメーカーにどんどん仕事を取られていくことを目の当たりにして、このまま行くと仕事がなくなってしまうのではないか、という危機感が常にありました。

『うちのお客さまはどこに多いのか？』ということを考えたところ、地元でのお客さまが8割でした。そこで地元をお客さまと考え、ここに住む方のお役に立つことをしよう、とにかく地元と接点を持つことをしよう、と思っていました。

エネジンさんから地元で『家具固定セミナー』のお誘いを受けたときには、すぐに協力を承諾しました。さらには、町おこし団体を立ち上げたり、地元小学校と一緒に企画イベントを行ったり、地元の店舗と協力して地元だけに行き渡る冊子をつくり、配布をしていきました。

CSR企画書の例

作成日	●/●/●	作成者	●●●●	目的	効果	評価
タイトル	家具固定セミナー			経営計画書のＢＣＰ（防災）に関する方針の施行	リフォームの受注	
メンバー	●●●●、●●●●					
期間		予算	10,000円		行政との接点強化	
アライアンス	●●建築				地域のお客さまの命を守る	
後援	市役所	信金				
リリース	●●新聞	●●新聞	●●新聞			
	記者クラブ				判定	可・否

グランドデザイン

・耐震診断　・太陽光　・防災備蓄　・家具固定
・耐震リフォーム　・災害用バルク蓄電池　・発電機

【行政】

・行政のニーズ・考え　・補助金
・今後の施策　・実行のためのアドバイス　⇒後援

行政危機管理課　信金　展示会実行委員会

住設メーカー　自社顧客　地元企業

ゴール　家具固定セミナー開催！

もちろん、それまでもお祭りや自治会活動はしていましたが、地域の方々にしてみると、顔は知っていても、建築を依頼することには結びついていなかったんです。それがこうした活動を通じて徐々に『ちょっと仲田さんにも聞いてみようか』となっていったんですね。

地元の方、小学校ＯＢの方に、仲田建築の存在が浸透していき、営業しなくてもお客さまから声を掛けてくれるようになり、約5年で新築が年間1棟から6棟に、リフォーム件数が年間50件から１２０件に増え、今期は会社設立以来、最高売上の1億８０００万円となりました。

今後は、自社の広い作業場を利用して、イベントを開催して、地元店舗の方々が活用し、地域の方々が集まる場、地域への発信の場とすること。そこから仕事につなげられるような展開を考えています」

■今後も継続できそうかを見極める

なお、実際に取り組む前の段階、また、やってみたあとに大切なのは、前述のように**「継続できそうかどうか」**を見極めることです。それが、結局、会社の成長につながっていきます。

地域と会社につながりをつくることができれば、地域が元気になり会社も元気になります。逆に地域と会社のつながりが薄ければ、会社が元気になっても地域が元気にはならず、地域が元気になっても会社が元気にはなりません。**地域の元気と会社の元気の連動ポイントとしても、「継続できそうか」は重要な基準**なのです。

本業への効果がまったく生まれないのであれば、最初は周りから感謝されて楽しくても、やがて継続することは困難になるでしょう。開催へのリクエストがあることは大前提ですが、どのように本業に結びつけるか、成果を上げるかを常に意識したいものです。

第3章

地域のお役に立つ方法（アライアンス編）

アライアンスが実現できれば効果は倍増！

戦略的なＣＳＲ活動を実効性の高いものにするためには、**「アライアンス」**という仕組みが有効です。アライアンスは、業務提携や戦略的同盟といった意味であるとご紹介しましたが、もう少しわかりやすく、**自社の強みを相手の会社に提供し、相手の強みによって自社の弱みを補ってもらえるような「相互補完」の関係を築くこと**と捉えるといいでしょう。

つまり**「一緒に補い合って、いいところを出し合って、がっちり取り組んでいきましょう！」**ということです。

■アライアンスが成立するまでの3段階

アライアンスは、他者と「強みを提供し、弱みを補完する相互補完の関係」ですが、それが成立するには3つの段階を経なければなりません。

①専門性を高める

まず、「専門性」です。どんな会社でも、**自社の専門性を高めていくこと**が何より大切です。専門性を高めなければ、取引先はもちろん地域社会の役に立つことはできません。たとえば、「近隣の清掃」をCSR活動として掲げた場合でも、清掃を専門とする会社の清掃と異業種の会社が行う清掃では、その意義や成果、本業に対する実効性などがまったく違うはずです。そして、そのことは**アライアンスを組む場合の「強み」**にも影響します。専門性を持たなければ、対等なアライアンスを結ぶことができません。

②協働する

専門性を高めた段階で、次は**アライアンスに向けた「協働」の関係を築くことができるか**どうかです。どんな会社でも専門性を高めるほど、おのずと自社の専門性だけでは活動にも限界があり、自社だけで広く地域社会に貢献することは難しいということがわかってきます。

特に中小企業では、ＣＳＲ活動として何をやるにしても、自社のヒト・モノ・カネ・情報といった経営資源だけでは、限界があります。それでもＣＳＲ活動に地道に取り組んでいくには、当然ながらビジネスとしてリスクの最小化・効果の最大化を図らなければなりません。

このとき、協働の関係を築くことができれば、お互いのヒト・モノ・カネ・情報といった経営資源を活用し合うことによって、相乗効果を図ることも可能です。その協働による補完関係は、お互いを尊重し合える信頼関係へとつながっていきます。

③社会ニーズ・課題に対応する

お互いに専門性を高めた会社同士が協働できれば、3つ目の段階である**「社会ニーズ・課題への対応」**もスムーズに進みます。社会ニーズ・課題というものは、「同じニーズ・課題が、ずっと同じ場所に変わらずあり続ける」というものではありません。子育て世代の社会ニーズ・課題が「赤ちゃんの育児支援」から「適切な学校の選択」などに変わり、「マイホームに対する支援」「災害時の対応」「老後の生活の安定」などに広がっていくように、常に変化していくのです。

このとき臨機応変にアライアンスを組み、対処することができれば、アライアンス先とだけでなく、社会との信頼関係の構築にもつながっていきます。

■アライアンス先はどこ？　強み・弱みは？

アライアンスとはどのようなものか具体的にイメージしてみましょう。協働関係の一方の主役はあなたの会社です。自社の強みと弱みを洗い出して理解したうえで（100ページで行います）、次の会社・団体とアライアンスを組むとき、相手の強みと弱みをどう考えるか、一例を示します。

・地元の工務店

大工としての技術はあるが、営業は社長一人。限定された地域、経営資源で営業活動をどのように行っていくかが難しい。

・金融機関

地域において組織も大きく、信頼度は抜群。本業の貸出金利息が減少するなか、そこを補うべく販売する商材が実は少なく、販売するとしても規制などの制約がある。

・地元小売店

地域での知名度は高いが、ネット通販などの脅威にさらされている。地元でのＰＲといっても限界を感じている。

・幼稚園

親や祖父母などの関心が高いが、少子化の脅威にさらされている。園の魅力をどのように伝えていくかが難しい。

・観光協会

観光資源そのものはあるが、それを十分に発掘できているとは言えず、また、ＰＲとなると特定の宿泊施設などに傾注することを避けるため、ＰＲそのものが難しい。

・行政

地域の信頼が厚く期待も大きいが、行政サービスを行うにしても、行政区域全体のことを考慮に入れた公平な展開をせざるを得ないために、限界もある。

・スポーツ団体

地域を元気にするポテンシャルは高いが、スポーツによっては知名度が低い競技もある。

・学校の部活動

地域の注目度が高い部やクラブもあるが、全体に指導者不足という悩ましい現実問題を抱えている。

・獣医師会

独自性、専門性は高いが、ＰＲが不足している。

このように、さまざまな会社・団体は程度の差こそあれ、それぞれに強みや弱みはあるものです。その弱み・強みと自社の弱み・強みとがうまく補完し合うことができれば、戦略的ＣＳＲ活動を行うとき、相乗効果が期待できるのです。

アライアンスの成否を分ける6つのポイント

自社だけでCSR活動に取り組むのではなく、アライアンス先と一緒に取り組む場合、中小企業では結局のところ会社同士、経営者同士、担当者同士、相性がいいかどうかが成否を分けます。

この相性について、ポイントとなるところをまとめてみました。

■競い合うのではなく協働する

成否のポイントは、次の6項目から判断します。

①目的が一致しているか

どのような目的でもかまわないのですが、その「目的」が一致していること。共通の目的に対して取り組むことが大切です。

②信頼関係が醸成できているか

お互いに相手の強みを活かし合って、自社の弱みを補うというような共通の認識があるかどうかです。お互いの会社の強みと弱みを理解し、補い合うという素直な気持ちのもとに信頼関係が生まれます。

③ビジョン・文化・風土が似ているか

会社にはそれぞれにビジョンがあり、また企業文化・風土というべきものがあります。たとえば、同じように「環境にやさしい会社」という言葉で表現されていても、実際の社内のニュアンス、反応などが、両社で正反対のケースがないわけではありません。アライアンス先に対して、規模や業種などは異なっていても、何となく似たビジョン・文化・風土が感じられるかどうかが、大きなポイントです。

④コミュニケーションがうまくとれるか

ＣＳＲ活動の実作業では、イベントの実施内容、それぞれの役割分担など、さまざまな打合せが必要になるものです。このとき、コミュニケーションを促進する場を設けることができるかどうかも成否の大きな分かれ目。「お金は出すから、あとはやっといて！」というような相手では、結局よいアライアンスは組めません。

⑤他力本願ではないか

前記④と関連し、他力本願ではなく「一緒にやっていこう」という気持ちを持ってくれるかも大きなポイントです。

⑥「何を成功とするか」の基準が一致している

どのようなＣＳＲ活動も継続してこそ、その意義が高まります。このとき、目先の利益にのみ目を奪われていると、活動が中途半端に終わってしまう可能性もあります。「自社がうまくいけば、それでよい」と考えるのは身勝手です。「何をもって成功とするか」は難しい基準ですが、少なくともＷＩＮ＆ＷＩＮの関係を大事にできることが大切です。

①から⑥は相互に関連しています。いずれにせよ**アライアンスは相手と競い合うのではなく、協働する仕組み**です。その点は必ず押さえておくようにしましょう。

アライアンスをチェックしてみよう

□目的が一致している

□信頼関係が醸成できている

□ビジョン・文化・風土が似ている

□コミュニケーションがうまくとれる

□他力本願ではない

□「何を成功とするか」の基準が一致している

すべてにチェックが入ればうまくいく！

自社の強みと課題は何か

■自社の強みを洗い出してみよう

アライアンスを組むにあたっては、まず自社の強みを分析しておくことが大切です。例として、エネジンの分析結果を挙げておきましょう。

自社の強みや弱みを、あらたまって抽出する機会は、実はそれほどありません。だからこそ、この作業には意義があります。普段当たり前のように行っていて価値を感じていなくても、客観的に見てみたら大きな強みだったということもあります。ぜひ一度見直してみましょう。

自社の強みは何か？

【エネジンの例】

- ガス、エネルギーというライフラインを支えている
- お客さまとフェイス・トゥ・フェイスの関係になれる
- 防災に力を入れており、内閣府レジリエンス認証を取得している
- 24時間365日対応が可能である
- 同業のなかではLPガス以外の商材が多く、さまざまな取扱いができる
- テレビCMを流している
- 静岡県西部では知名度が高い
- アライアンス先にとっては地域のCM効果が期待できる
- 比較的強固な財務基盤を有している
- これまでの業歴で培ってきたお客さまが多い
- 社歴が長く信用につながる
- 地域のすべての人がお客さまとなり得る
- 社内がギスギスしていなくてよい
- 正社員比率が高く、継続した雇用ができている
- 健康経営を推進している
- 社内がきれいに整理整頓されている

■自社が何を求めているか挙げてみよう

次に、自社のニーズ・課題の抽出です。自社が今後も成長していくうえで「求めているもの」を挙げてみましょう。当社の場合は次ページのような項目を挙げることができました。

あれもこれもと自社のニーズ・課題を挙げていくと〝欲の塊〟のように思えるかもしれません。しかし、自社の事業をどう展開していきたいのかを考えることは、とても重要な視点です。

また、アライアンス先にこれらのニーズ・課題を率直に伝えていく必要があるケースも出てきます。それだけに、自社の思いを包み隠さず出してみることが大切なのです。

自社のニーズ・課題は何か？

【エネジンの例】

- お客さまの件数を増やしたい
- LPガス販売量を増やしたい
- 利益率を上げたい
- 商材が差別化できにくい点を克服したい
- ガス器具、電力、BCP商材、住宅設備、太陽光発電設備、蓄電池などの販売をさらに拡大したい
- リフォーム、新築情報を入手したい
- お客さまを同業他社から守りたい
- 個人対象だけでなく、職域の販売を進めたい
- 新規開拓力を強化し、新規取引先を増やしたい
- LPガス供給先である賃貸物件について、条件勝負からの脱却を図りたい
- 地域、子育て世代、次世代のお客さまとの接点を強化したい
- 静岡県中・東部での知名度を上げたい
- 社員のスキルアップを図りたい
- 社員のモチベーションアップを図りたい
- 採用を増やしたい
- 行政との連携度合いを高めたい
- 新規アライアンス先を増やしたい
- 新たなCSR活動を展開したい
- 自社のブランディングを進め、より信用、信頼を獲得したい
- イベントでより多く集客したい
- より地域活性化を促したい

アライアンスはこうやって行う

■ニーズ・課題が重なるところを先回りして探していく

アライアンスを組む候補先には、それぞれの会社・団体に応じたニーズ・課題があります。自社が「どことアライアンスを組むか」を考える際には、それらを先回りして考えてみることも欠かせません。

ニーズ・課題を共有できるかどうか、お互いの弱みと強みが補い合えるかどうか、さらに相乗効果を発揮できるかどうかを検討しつつアプローチしていくからです。

たとえば、信用金庫が何を求めているかを考えてみます。

アライアンス先のニーズ・課題は何か？

【信用金庫の例】

・融資を増やしたい

・融資先を増やしたい

・融資先が他行に奪われるのを防ぎたい

・融資先の経費を削減するなど、課題解決につながるような提案をしたい

・新規のお客さまの訪問ツールとなる話題のネタがほしい

・職域での接点を持てるような活動をしたい

・相続の相談を受けたい

・子育て世代との接点を持ちたい

・子どもの通帳をつくってほしい

・店舗を有効活用して、来店客を増やしたい

・お客さまのニーズや課題をもっと聞き出したい

自社のニーズ・課題と重なるところに
企画のヒントがある！

このニーズ・課題の探知では、**お互いに重なるところがあるかを見極めていく**ことが大切です。

その重なるところを解決していく業務をCSR活動として取り組めば、WIN&WINのアライアンスを組んでいくことができるでしょう。

■信用金庫と当社で重なるニーズ・課題から導いた企画

たとえば、信用金庫の「融資を増やしたい」というニーズ・課題、当社側の「BCP商材販売を増やしたい、リフォーム・新築情報を入手したい」というニーズ・課題を満たせるよう、当社では次のような企画をCSR活動として実施しました。

- **・ママのための防災ミーティング**
- **・BCPセミナーとエネジン防災設備の見学会**
- **・おうちの減災セミナー開催**

・ママが考える家づくり座談会の開催
・省エネ相談窓口を開設

また、信用金庫の「子育て世代との接点を強化したい、職域での接点を持てるような活動をしたい、子どもの通帳をつくってほしい、融資先を他行に奪われるのを防ぎたい」といったニーズ・課題と、当社側の「次世代のお客さまとの接点を強化したい、職域の販売を進めたい、お客さまを同業他社から守りたい」といったニーズ・課題を満たせるような企画として、次のようなCSR活動を実施しました。

・金融教室の開催
・ママゼミの定期開催
・小学生絵画、各信金支店での展示会の開催
・小学生の夏休みの課題に関するパッケージ企画
・法人先へのお菓子BOXの設置提案

そのうち2つほど紹介をしましょう。

【事例】地元信金と協力して行う「体験教室」

当社が取引する金融機関に信用金庫が2行あります。情報交換をしていくなかで、浜松いわた信用金庫から「金融教室」を開いているという話がありました。信用金庫にとっても地元顧客との接点の強化は重要なテーマで、金融機関らしい取り組みのなかで、それを実現したいと考えていたようです。

しかし、単なる金融教室というセミナーを開催するだけでは、子育て世代の集客が厳しい。そこで、当社のほうでもどのようなことをすれば、集客につながるか、一緒に企画を考えることにしました。

そのなかで出てきたのが「楽しいから、学ぼう!」という企画です。

夏休みの小学生を対象に、自由研究などの宿題の題材になるような体験教室を開催。午前の部は、浜松いわた信用金庫の上新屋支店で「お金のヒミツ大解剖」と題して、紙幣がどのように作られているかなどお金にまつわるクイズや、職員なりきり体験などを実施しました。

昼食をはさんで午後は、工業用ガスの製造・販売を手掛ける丸協酸素商会で「サイエンスショー」を開催。子どもたちは、液体窒素に浸した生花を握りつぶす感触を楽しんだり、お湯に液体窒素を入れて雲を発生させたりして、歓声をあげていました。

この企画のポイントとしては、子どもに人気の科学実験を、金融教室と組み合わせることで「いろいろな体験を通して夏休みの宿題を楽しく行えるイベントですよ」という打ち出しをしたことでしょう。そこには、科学実験を通して環境やエネルギーについて理解を深めてほしいという当社の意図もあります。

大事なことは、とかく高齢世帯との接点に偏りがちだった地方企業（当社）と地方金融機関が、一緒になって地域の若い世代との接点を強化し、認知度を高めていくということです。そのためには、一つのイベントでも、できる限り集客力のある取り組みを行っていくことが重要です。

【事例】「防災セミナー」

また、防災セミナーも浜松いわた信用金庫と共同して行いました。

防災セミナーといっても切り口は多種多様ですが、地域の企業経営者が対象であれば、ＢＣＰの観点からの対応を説明するセミナーになります。家庭の場合はＢＣＰというよりは災害時の電力やガスの供給体制の話になります。そのなかで、ＬＰガスや太陽光発電の提案に結びつけていくわけです。

このように新たな設備機器の活用となれば、額としては大きなものではなくとも、お金が動きます。補助金の活用も検討材料の一つになってくるでしょう。そうなれば信用金庫の出番です。

実は当社のＣＳＲ活動も、発端は太陽光発電を取り扱ったことにあったことをご紹介しました(64ページ)。どのように拡販していけばよいのか、その販促活動からスタートしたのです。

このような点も踏まえつつ、両者のニーズ・課題を実現できるようにセミナーなどを組み立てています。

さまざまなアライアンスを実践しよう

これまで信用金庫のほかにもさまざまな会社・団体とアライアンスを組み、CSR活動を展開してきました。それらの取り組みのいくつかの例を〝業種・業態別〟に見ていきましょう。

■入浴剤メーカーとは、より直接的なセミナーで訴求

入浴剤のメーカーとは、入浴剤の効果的なPRに取り組みました。

メーカーとしては、入浴剤が浴槽などの住宅設備に悪影響を与えるのではないかという誤解の払拭を図りながら、ライバル他社との競合のなか、シェアを高めるPRが

求められています。

一方、当社としても、入浴回数は各家庭のガス消費量に影響します。そこで、少し大げさですが、入浴文化のよさをあらためて提案していくことが、ガス事業者として重要なテーマだと考えました。また、リフォーム事業者としても、浴室リフォームの提案は営業活動において欠かせません。

入浴剤メーカーと当社は、このような点で、ニーズ・課題が一致しました。ですから、これらの点をお客さま、消費者に強く感じてもらうためのCSR活動を、アライアンスを組んで実践しています。たとえば、次のような取り組みです。

・疲労回復！　入浴講座
・ヒートショックの危険と予防セミナー
・スキンケアで美肌力アップセミナー
・システムバスなどの住宅機器メーカー工場見学と最新お風呂入浴法

入浴剤メーカーとのアライアンスの例

バスクリンと入浴セミナー

エネジン

浴室改修業者と組み特典も

LPガス使用減に危機感

人口減、販売量に直結

地域の魅力向上へ連携

「日本経済新聞」
2016年 6 月10日

□営業企画部　石川克昭の声

「まさか、大手入浴剤メーカーさんと組んで、仕事をやるとは思わなかったですね。ガスとお風呂がつながり、そして、お客さまのお役に立つセミナーや提案ができるなんて、本当に不思議な感じです。こんな面白いことならもっとやりたいです」

■地元プロスポーツチームとともに認知度を高める

プロといっても、地元のスポーツチームは大なり小なり「集客力の伸び悩み」という課題を抱えています。ファンを獲得するためのアプローチ、自分のチームや競技に対する知名度のアップ、試合以外での活動のPRなどへのニーズ・課題が高く、また実情としてスポンサー集めに苦慮しているチームもあります。

この点では、当社も似たような面があります。子育て世代との接点を持ちたいのに不十分であったり、さまざまなCSR活動を行っていてもPRが不足していたりします。そして、地元プロスポーツチームのような、従来の企業とは異なる新規のアライアンス先を求めています。

これらのニーズ・課題が共通するところで、当社ではこれまで**フットサル教室やバレーボール教室**を開催したり、**食育やスポーツセミナー**を開催したりしてきました。

■獣医師会とはニーズ・課題の一致点を踏まえてPR活動を支援

獣医師会ともアライアンスを組み、CSR活動に取り組んだことがあります。地域の獣医師会には、獣医師会そのものをもっとPRしたいというニーズ・課題がありま す。加えて、たとえば、正しい定期検診を行ってほしいなど、ペットに対して正しい知識のPRをしたいというものもあります。そして、獣医師会としてもペットを通じて地域貢献をしていきたいと考えているのです。

一方、当社としても、ペットは家族の一員と考えるご家庭の支援も、大きなニーズ・課題です。それはリフォーム・新築部門をはじめ、ペットとの共生の観点から見た住宅設備の販売等です。

さらに、新規取引先としての動物病院の開拓や、ペットの飼い主という新たな接点を増やしたいというものもあります。

このようなニーズ・課題の一致点を踏まえてアライアンスを組み、**獣医師会ニュースというチラシを年4回発行**し、それを当社と動物病院のお客さま（ペットの飼い主）に配付するほか、**獣医師会が主催する各種イベントに当社が協賛・参画**しています。

■学校や幼稚園とは祭り、絵画展、部活動支援など取り組みもさまざま

小中高校の学校のニーズ・課題にはどのようなものがあるでしょうか。まず、生徒のさまざまな活動を、生徒の家族や地域の人に見てもらいたいというものがあります。特に、地域の住民との接点の強化は、多くの学校が望んでいます。

また、もう少し深く探っていけば、生徒数の確保は多くの学校の求めるところです。加えて、教師の専門性にも限界があり、ＩＴや部活動など特定の分野では民間の専門家にフォローをしてもらいたいというニーズ・課題もあります。もちろん、教員の

獣医師会とのアライアンスの例

一般社団法人
浜松市獣医師会 NEWS
vol.18
2019 Autumn

すぐそこにある危機・マダニとエキノコックス

日時　令和２年２月９日（日）13：00
場所　ホテルコンコルド浜松

５回目となる年次大会では「すぐそこにある危機・マダニとエキノコックス」と題しまして、寄生虫病についての市民公開講座を予定しております。衛生的になったといわれる現代社会ですが、SFTS（重症熱性血小板減少症候群）やエキノコックス症などの寄生虫関連疾患は、日本各地で静かな広がりを見せております。市民の皆様には正しい知識を学んでいただいて、病気予防に役立てていただけたらと思っております。
そして、昨年大盛況でしたワークショップを今年もやることになりました。今回のテーマは「スマホで簡単！上手にペットを撮ろう」です。ペット撮影のスペシャリスト明賀誠さんをお招きし、スマホカメラの上手な使い方と動物の撮影法について学びます。皆様、ぜひ、遊びに来てくださいね。

マイクロチップの装着義務化！？

マイクロチップとはどのようなものですか？

ＩＣ回路が内蔵された超小型カプセルのようなもので、皮下に埋め込むため半永久的に識別可能です。登録制度が整備され、また、国際規格でもあるため海外での識別が可能であり身元の証明にもなります。現在、日本では AIPO（動物 ID 普及推進会議）に約 210 万頭が登録されております。

マイクロチップインジェクターの１例（専用注射器）

マイクロチップが法律で義務化されたのですか？

動物愛護管理法の一部が改正され、その中でマイクロチップの装着および登録が義務化されました（数年の移行期間あり）。実際にはペットショップやブリーダーなど、ペットを販売する業者に義務付けられるもので、一般の飼主さんには装着する努力義務が課せられます。

装着時は痛くないですか？

マイクロチップを装着するには少し太めの針で注射をするようなイメージになります。予防接種の際に暴れたりしないペットであれば特に麻酔や鎮静処置は必要ありません。性格的に怖がりな動物や神経質な動物の場合にはかかりつけの獣医師とよく相談しましょう。避妊や去勢手術の際に同時に実施される方も増えてきています。

どのように飼い主を見つけるのですか？

災害や迷子などでペットが保護されたとき、マイクロチップの識別番号を確認するために保健所や動物病院などにある専用のリーダーで読み取ります。この番号の情報をもとに飼主さんへ連絡することが可能になります。

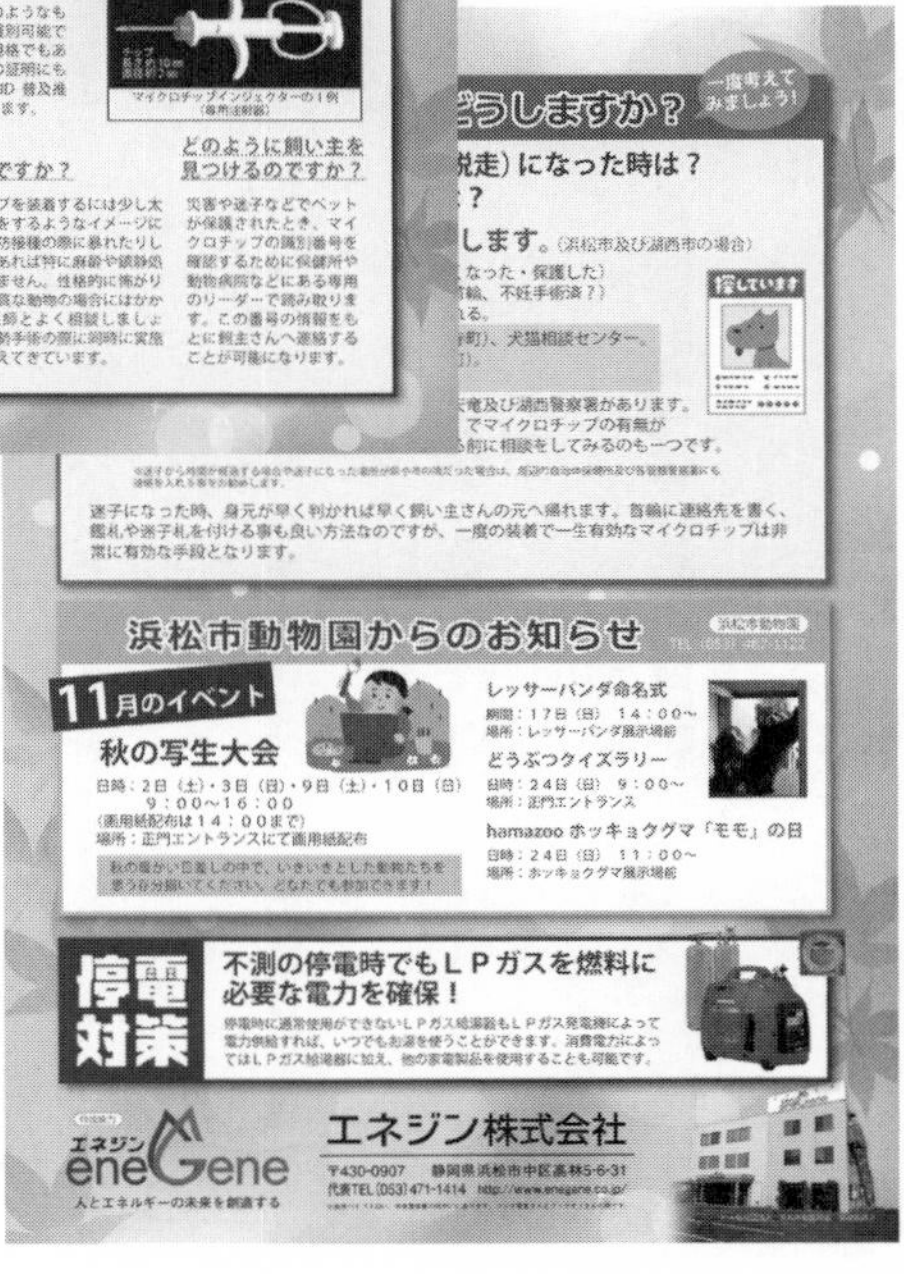

どうしますか？　一度考えてみましょう！

脱走）になった時は？

します。（浜松市及び湖西市の場合）

なった・保護した）
首輪、不妊手術済？）
れる。
町）、犬猫相談センター、

探しています

署及び湖西警察署があります。
でマイクロチップの有無が
前に相談をしてみるのも一つです。

迷子になった時、身元が早く判かれば早く飼い主さんの元へ帰れます。首輪に連絡先を書く、鑑札や迷子札を付ける事も良い方法なのですが、一度の装着で一生有効なマイクロチップは非常に有効な手段となります。

浜松市動物園からのお知らせ

浜松市動物園

11月のイベント

秋の写生大会

日時：２日（土）・３日（日）・９日（土）・10日（日）
9：00～16：00
（画用紙配布は14：00まで）
場所：正門エントランスにて画用紙配布

レッサーパンダ命名式

期間：17日（日）　14：00～
場所：レッサーパンダ展示場前

どうぶつクイズラリー

日時：24日（日）　9：00～
場所：正門エントランス

hamazoo ホッキョクグマ「モモ」の日

日時：24日（日）　11：00～
場所：ホッキョクグマ展示場前

停電対策

不測の停電時でもＬＰガスを燃料に必要な電力を確保！

停電時に通常使用ができないＬＰガス給湯器もＬＰガス発電機によって電力供給すれば、いつでもお湯を使うことができます。消費電力によってはＬＰガス給湯器に加え、他の家電製品を使用することも可能です。

エネジン eneGene
人とエネルギーの未来を創造する
エネジン株式会社
〒430-0907　静岡県浜松市中区高林5-6-31
代表TEL（053）471-1414　http://www.enegene.co.jp/

労働環境の改善や、マンネリ化している学校のイベントを見直したいといったものもあるでしょう。

そのような要望に対して、当社では学校とアライアンスを組みたいというニーズが強くあります。お客さまや地域との接点強化は当然のこと、学校とアライアンスを組めれば公共性が高まり、自社のブランディングにつながります。継続すれば、生徒が大人になったとき、すなわち未来のお客さま、子育て世代、次世代との接点が生まれ、強化することになります。

もちろん直接的にはイベントの集客、県中・東部での知名度アップも当社にとっては根強いニーズ・課題としてあります。

そこで、学校とアライアンスを組んで、次のようなＣＳＲ活動に取り組みました。

- **小学校の夏休み課題絵画展を実施し、近隣店舗への作品の展示**
- **地元お菓子のパッケージづくり**
- **各種部活動の活動支援計画づくり**

・高校生による地域企業や観光の取材と情報発信授業の開催

アライアンスの内容によっては、教育委員会が関わるケースもあります。そうするとこれらのCSR活動に取り組むことで、教育委員会の中に当社の存在が浸透していきます。

学校だけでなく、幼稚園とのアライアンスもあります。これは児童数の獲得や知名度のアップという幼稚園側と、未来のお客さま、子育て世帯、次世代との接点の強化という当社側のニーズ・課題の一致するところで、防災体験会や各種のイベントなどを実施しています。

【事例紹介】幼稚園の「カレー会」をお手伝い

浜松市内にある北浜幼稚園。周辺地域から見ても人気のある幼稚園の一つですが、ここで当社は毎年、親子のカレー会を支援しています。園が主催するカレー会に、LPガスのボンベやコンロや鍋などの調理機器などを貸し出し、あわせてカレーづくりも担当地区の営業所から人員を派遣して、お手伝いをしています。

幼稚園には日頃から教材販売から不動産投資など、いろいろな営業の電話がかかってくるようです。当社からの連絡も、最初はそういうものかと思ったようですが、ちょうど幼稚園としても、冷暖房などを含めて光熱費を効率的にまかないたいというニーズがあり、そうしたことも含めてCSR活動として話を詰めていきました。

しかし、単にカレー会のお手伝いをするだけでは、当社が本来持っているニーズ・課題が満たされたとはいえません。そこで、幼稚園が園児をとおして親に渡すカレー会の案内チラシを当社側で製作し、そこで幼稚園と当社がアライアンスを結んで取り組んでいること、住宅設備のお困りごとについては遠慮なくご相談いただきたいことなどに触れました。

北浜幼稚園の園児は約800人と大規模です。世帯数でも600世帯を超えます。そのような子育て世代に認知を広げることを考えています。

□浜北営業所　星宮拓光の声

幼稚園とのアライアンスの例

浜北区　大鍋カレーに園児大喜び

浜松市浜北区の北浜幼稚園ＰＴＡは13日、親子でカレーを作って味わう恒例行事「カレーの日」を同園で開いた。約800人が笑顔でカレーをほおばった＝写真＝。

園内の畑で採れたニンジンやタマネギなどを園児と保護者で刻み、ＰＴＡ役員らが煮込んだ。こんろとボンベは総合エネルギー会社「エネジン」（中区）が地域の子育て環境づくりに協力しようと用意した。できあがり間際には園児が大鍋をのぞき「いい匂い」などと大喜びしていた。

「静岡新聞」
2018年６月16日

「初めは『エネジンって何の会社ですか?』と先生からもPTAの方からも思われていたかもしれません。しかしイベントに参加していくと少しずつ認知され、共同で作業していくなかで雑談をして打ち解けていけたと感じました。少しずつPTAの方に頼られる存在になってきていると感じています。お客さまのなかで、お孫さんが北浜幼稚園に通われていて、会話がはずみ、営業に役立ったこともあります」

□PTA参加者の声

「エネジンさん、毎年出てくれて本当に心強いです。ガスは私たちだけで管理するのは怖いですし、途中で火が消えてしまうと困るので、ぜひこれからもお願いします」

□園長先生の声

「前のガス屋さんはそこまでしてくれなかったので、本当にみんな助かっています。PTAの皆さんがいつも『ぜひエネジンさんを呼んでください』って言うんですよ。新聞にも掲載していただきありがとうございます」

■警察とは防犯意識の徹底に共同で取り組む

警察とのアライアンスも、多くの企業にとって重要なものではないでしょうか。まず、警察のニーズとしては地域社会との連携の強化を求めています。そして、地域の安全が確保されることを常日頃から望んでいますし、地域の人たちとの合同パトロールを行っていきたいというものもあります。

また、具体的には詐欺などの犯罪に注意喚起を促したいということもあるでしょう。警察は基本的に民事不介入で、「事故・事件が起こらないと動けない」とよくいわれますが、安全のために予防できることは、注意喚起をしていきたいという思いは強く持っています。

当社側は、社会問題になっている押し売りのようなガス営業に対して、注意喚起するチラシに信頼性を持たせたいし、それを踏まえて地域の一員としてお客さまを犯罪から守りたいというニーズ・課題もあります。

このようなお互いのねらいが一致するところでアライアンスを組み、これまでは**詐欺への注意喚起・防犯のチラシの作成・配布**を一緒に行いました。また、**警察署の生活安全の担当課の朝礼に、当社の社員が定期的に参加**することもしています。そのほか、**合同パトロールの実施**も、重要なアライアンスでの取り組みの一つです。

■市役所では、防災・災害対応が焦点に

当社が市役所とアライアンスを組む場合、まず想定するのは本社のある浜松市役所です。そして、担当課はその内容によって異なりますが、たとえば防災に関しては危機管理課が担当になります。

この市役所とのアライアンスで特徴的なことは、他の企業・団体のアライアンスによる取り組みでも市役所に話を通して、場合によっては後援してもらったり、協力してもらったりすることによって、その浸透度合い、集客力、効果がずいぶん高まる点です。その意味では、企業・団体とのアライアンスについては必要に応じて市役所担

当課も含めた3者間のアライアンスとなるケースもあります。

ここでは、市役所の危機管理課のニーズ・課題について見ていきます。防災関連の担当課なので、まず各家庭の防災意識の向上があります。特に家具転倒防止事業を推進したい。関連して、建築物の耐震化、地域防災の強化、さらに被災後の市民生活を守ることも根強いニーズとしてあるでしょう。

一方、当社としては、ＢＣＰ商材の販売のほか防災・減災リフォームを展開したい。また、防災面を通して自治会との接点を強化したい。災害に強い会社であり、またＬＰガスという災害に強いエネルギーを扱っていることをＰＲしたいというニーズ・課題があります。

これらが一致するところで、次のようなＣＳＲ活動に取り組みました。

・自治会防災訓練への参加や炊き出し訓練への協力
・家具固定セミナーの定期開催
・ママのための防災ミーティングの定期開催

・当社BCP設備見学会やBCP策定支援
・家庭の減災セミナーの定期開催
・災害用バルク・非常用ガス発電機、炊き出し機材の寄贈

■観光協会では、協会を通じて各種施設との接点を強化する

観光協会のニーズ・課題は比較的わかりやすく、まず観光振興のためのPRやイベントの促進があります。ただし、眠っている観光資源をどのように浮き彫りにするのかは、なかなか難しいこともあります。

また、その観光資源をどう活用していけばよいか、さらに、最近はどの観光協会も外国からの観光客、インバウンドへの対応に頭を悩ませています。

それらに対して、当社はその観光協会に加盟する飲食、宿泊、アクティビティ、温泉など各種の観光施設との接点を持ちたいというニーズ・課題があります。また、インバウンドへの対応に関しては、民泊の今後の可能性を探っていくことも当社の事業

上、有益です。その結果、アライアンスによって次のような取り組みを行いました。

・絵画展の表彰式で観光施設を活用
・観光イベントへの参加・協賛
・当社のリフォームの特典に観光施設を活用
・高校生による観光施設の取材と情報発信授業の開催

■大学生とは任意団体と協力し、若い力を発揮してもらう

大学生とのアライアンスは、個々の大学生とアライアンスを結ぶというものではありません。たとえば、当社では「ＢＡＳＥ」という浜松の大学に通う学生で構成する団体とのアライアンスを行いました。ＢＡＳＥは、社会活動を通じて地域と地元企業を知り、学生も社会と接点を持つことでスキルアップをめざしている団体です。

そのような大学生の団体の持つニーズ・課題は、まず、団体の目的である社会活動

を通じて、学生が自分自身のスキルアップを実現することです。それを自分たちの就職や進路選択に活かしたいという思惑もあります。また、団体の目的である地域情報を発信して浜松の多くの学生の生活に役立ちたい、浜松を若者が暮らしたい町、働きたい町にしたいという意向もあるでしょう。

一方、当社としては、大学とのパイプづくりや地域の活性化、もちろん、当社でのリクルートもニーズ・課題としてはあります。そのほか、学生の就職が決まれば、その就職先とのアライアンスも期待できます。

大学生側と当社側のニーズ・課題が一致するところでアライアンスを組み、活動を行っていくのですが、その取り組みは多分に一緒に取り組んでくれた大学生個人の資質や能力に影響されます。

そのことを踏まえて、次のような取り組みを行っています。

・地域情報、アパートやマンション情報、グルメ情報の発信

・中学校でのキャラクターや野球部ベンチのデザイン・制作
・アパートやマンションのリノベーションデザイン
・釣具店、地元工務店との製品やパッケージに関する共同開発
・企業パンフレットの作成

【事例紹介】引佐南部中学校野球部ベンチ寄贈と中学校マスコット制作

静岡文化芸術大学・学生団体BASEが、浜松市立引佐南部中学校野球部のベンチ老朽化に伴い、地域の方々の憩いの場所になるようにと願いを込め、新ベンチを製作、寄贈しました。また、このご縁から中学校のマスコットを共同で企画、制作していくことに発展しました。

□生徒の声

「大学生と一緒に作業することが初めてだったし貴重な経験でした」

□中学校校長先生の声

「大学生と中学生とのコラボによって地域に愛されるマスコットができました。ありがとうございます。また中学生と大学生の珍しい共同作業によって新聞にも取り上げていただきました。うちの中学が取り上げられてこんなにうれしいことはありません」

□営業企画部　夏目貴文の声

「自分が中学生のときは大学生と関わる機会なんてなかった。中学生にとって大学生との関わりは非常に有意義だったと思うし、その橋渡しができてよかった。大学生にはよい経験になり就職活動にもプラスになりそうです。世代間交流はこれからの地方都市には必要だなと感じました」

【事例紹介】釣り具のイシグロ、ロッドホルダー協同制作

ＢＡＳＥ、釣り具のイシグロ、仲田建築、広告会社のアドコー、エネジンがアライアンスを組んで、ロッドホルダーの設計・デザイン、製造、販売を行いました。

イシグロは、釣り人口増と釣り業界を盛り上げたい、ＢＡＳＥは、自分たちがデザインした商品を実際に販売し地元浜松に少しでも貢献したい、との思いがありそれを当社がとりまとめ、アドコーが広告宣伝をしました。

地元工務店の仲田建築が浜松の木材で製作して、実際にこのロッドホルダーはイシグロ店頭にて販売されました。

□大学生の声

「学生のつくったものなど売れるなんて全然思っていなかった。でも、実際に皆さまのおかげで販売ができたことは自信につながるしデザインの勉強をしていてよかったです。就職してもお客さまに喜んでもらうための商品をデザインしたい」

□イシグロの声

「私たちは若い人に釣りに興味を持ってもらいたいし、釣りの人口を増やしていきたい。本当にありがとうございました」

□仲田建築の声

「ロッドホルダーというのは今までつくったことはありませんでしたが、意外に難しかった。でも、学生やエネジンさんからの依頼で、ＣＳＲの一環として少しでもお役に立てればうれしいと思い協業させていただきました。協力できてよかったです」

大学生×釣具店×工務店とのアライアンスの例

文化芸大生と釣り具業者など連携

釣りざおホルダー開発

静岡文化芸術大（浜松市中区）の学生と釣り具販売のイシグロ（中区）、仲田建築（北区）などが連携し、インテリアとして釣りざおを飾る「極　2way　ロッドホルダー」を共同開発した。地元産の天竜杉を使っていて、イシグロで二十五日に発売する。

木目や節を強調し、天然木らしさを表現している。高さ一・二五㍍、幅七十八㌢。釣りざおを六本収納でき、立て掛けたり、壁に掛けたりして使用する。ナチュラルと焼き杉の二種類を販売する。加工を担当した仲田建築の仲田伸吾取締役(四二)は「釣りざおがきれいに見える感覚や木の温かみにこだわった」と話す。

パッケージのデザインを担当した静岡文化芸術大二年の佐藤梨奈さん(二〇)は「高級感のある商品イメージを生かすために、写真の陰影に気を付けた。自分がかかわった商品が世に出るのは信じられない気持ちだが、うれしい」と喜ぶ。

浜松地域の活性化に取り組む市内の二十一社・団体でつくる「はままつ応援隊」の活動の一つで、地域の良さを若者らに伝えようと昨年秋から開発を進めてきた。

価格は一台一万二千八百円（税抜き）。イシグロ高林店（中区）と中吉田店（静岡市駿河区）、鳴海店（名古屋市緑区）の各店で十点のみ限定販売する。来年一月以降はイシグロの他店舗でも扱い、計百点の販売を目指す。

（山田晃史）

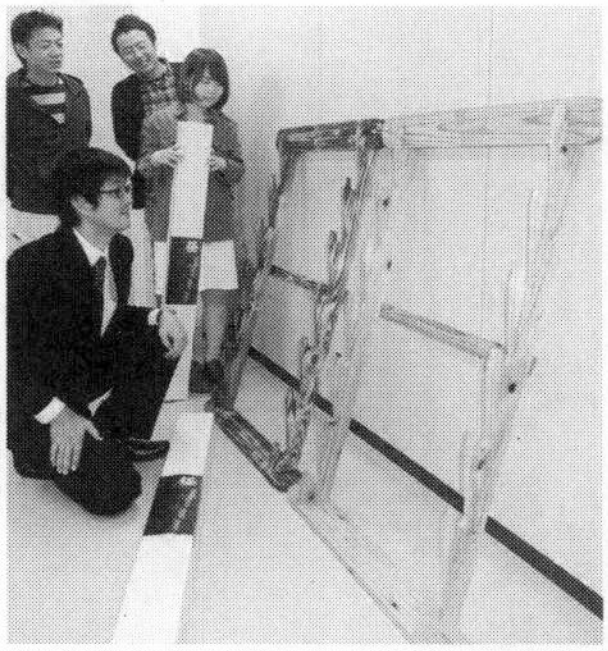

共同開発したロッドホルダーの出来栄えを確認する関係者たち＝浜松市中区で

「中日新聞」2016年11月23日

信用金庫×ドラッグストア×産科婦人科医院×当社で「ママゼミ」を開催

■多角的なアライアンスで効果を最大化

アライアンスは、一対一で組むものもありますが、当社の場合、多くは当社を含む3つ以上の企業・団体で、共通するニーズ・課題を発見し、それぞれの強みを発揮して、弱みを補い合いながらCSR活動を実施していきます。ここからは、4者によるアライアンスの企画と、実際の取り組み例をいくつかご紹介しましょう。

「ママゼミ」とは、赤ちゃんや幼児などの育児に忙しい世代の母親に向けたセミナーです。当社では、2016年頃からさまざまな企業・団体とアライアンスを組んで、この企画を実施しています。信用金庫、ドラッグストア、産科・婦人科の医院、当社の４者による取り組みを紹介します。

ママゼミの取り組み対象は「小さなお子さんを持つ女性」ですが、そうした属性の女性や家庭に対して、それぞれの企業・団体は次のようなニーズ・課題がありました。

①信用金庫は？

子育て世代との接点を強化し、住宅ローン融資や口座開設を促したい。

②ドラッグストアは？

子育て世代との接点を強化するとともに、自社のＣＳＲ活動として取り組みたい。

③産科・婦人科医院は？

子連れでも気軽に参加できる母と子の健康セミナーを実施したい。また、ママゼミという独自のサポート体制をＰＲしたい。

④当社は？

子育て世代との接点を強化するとともに、影響力を持つ会社や団体とアライアンスを組みたい。自社での開催により認知度・集客力のアップにつなげたい。

「子育て世代との接点の強化」というニーズ・課題を、③の産科・婦人科医院以外のすべてが挙げていますが、これは多くの会社の実情を踏まえたものです。

産科・婦人科医院は、患者と医師の関係でそれこそ日々、子育て世代との接点を持っています。ところが、他の一般企業も当社も、普段の営業活動でお客さまの家庭を回っていて実感するのですが、訪問すると、年輩の方が玄関口に出て来られることが多いのです。子育て世代は男女にかかわらず仕事に出ているケースが多いのでしょう。

産科・婦人科医院以外の企業としては、次の世代のお客さまとの接点が保てているか、ふと不安に思うことがあります。そうしたことを解決したいというニーズ・課題があるのです。

では、このアライアンスによって、どのような効果が期待できるのか。まず、4者がお互いのお客さまを共有できます。奪い合うのではなく、シェアし合うのです。もちろん個人情報に関わる部分は除かれ、むしろA社のお客さまに対してB社など複数の会社が共同して何からの取り組みを行っていることを「A社が伝える」という状態になります。すると、多くのお客さまにアプローチできるので、集客力が高まります。お客さまにとってみれば、それぞれ地域での認知度は高いため、届けられた情報の信用度は相乗効果で高くなります。

ほかにも、「あそこは、あの会社と協力して社会貢献に取り組んでいる」と、会社そのものの認知度・信用度が、相乗的に高まっていくという効果も期待できます。なお、一社単独開催ではネタも限られてきますし、お客さまにも飽きられてしまいますが、それぞれの会社が強みを活かしながら取り組むので、毎月など短いスパンでの定期的な取り組みも可能です。

一方、当社にとってのプラスの効果には、次のようなものがあります。まず、4者のアライアンスによる集客力を活用し、他社、たとえば住宅会社などとの別のイベントを展開しやすくなります。アライアンスが縦横無尽に広がっていく——そのきっかけづくりができるのです。

そして、会社でイベントを開催すれば、より多くのお客さまに来ていただくことができます。そのことにより、従来の「ガス屋さん」のイメージを払拭することもできます。そのほか、今後のアライアンス先が増え、新しい展開についても可能性が広がります。もちろん、参加されたママによる口コミの効果も期待できます。

4者がアライアンスを組んで実施したのは、ママゼミの定期開催です。具体的には毎月1回、次のようなテーマで開催しています。

- **子どものやる気を引き出す質問、メンタルトレーニング**
- **主婦の発明セミナー**
- **家族を守る「キズナ手帳」づくり**
- **鍼灸とツボ刺激で体質改善**
- **ストレッチ体操**
- **クリスマスツリーづくり**
- **写真の撮り方と写真立てづくり**

・春メイク講座
・骨格ラインを整える美姿勢

それぞれの会合で、信用金庫、ドラッグストア、産科婦人科医院、当社の強みを活かしたテーマを設定し、集客に貢献しています。

また、このような定期的なママゼミから派生して、特に参加者のニーズ・課題が高いものに関しては特定のテーマを設けました。その一つが地元工務店とアライアンスを組んだ「ママゼミ住宅バージョン」です。具体的には、次のようなテーマで開催しています。

・DIY体験&収納講座
・スローライフを学ぼう
・エアプランツづくり
・いつかマイホームを建てたい! 後悔しない家づくり

【事例紹介】ママゼミ「子どものやる気を引き出す質問、メンタルトレーニング」

イヤイヤ期などの悩める時期、「ついつい怒ってしまう」「自ら考えて行動できる子に育ってほしい」など、子育てに不安を感じていたり、悩んでいるママたちを対象に、子育てのお悩み解決をテーマにゼミを開催しました。

□参加したママの声

「帰ったら、自分の息子が何を褒めてほしいと思っているのか、言われてうれしい言葉をまずは知ろうと思いました」

「今まで躾のつもりで娘に対してコントロールしようと必死でした。もう少し肩の力を抜いて、今を楽しみます」

「すぐに実践してみたい」

□営業企画部　平野さや香の声

「グループワーク形式でのゼミだったため、同じグループになったママたちでコミュニケーションを密にとることができました。普段接点のないママ同士が、悩みを打ち明けていたり、相談や共感している場面を目の前にし、ママにとって子育ての比重の大きさを実感しました。子連れで参加できるゼミ自体が少ないため、ママゼミのように子連れ大歓迎で、無料で集まれる場は、大変需要が高いように思います。これからもママたちの要望に応えられるように、いろいろな方面での人とのつながりを大切にしていきたいと思います」

【事例紹介】ママゼミ「簡単DIY体験&新築平屋建て見学で学ぶ収納術」

DIY体験では、「プリント収納BOX」を作成。お子さまが通う幼稚園などで配付されるお便りなどが、肝心なときに見つからないというママたちの悩みがありました。そこで、壁掛け式の開き扉の収納BOXをつくることに。材料は住宅を建てる際に出る端材を利用して、木の香りや手触りを感じながら作業しました。その後は、新築平屋建て住宅を見学しながら、収納テクニックを地域の工務店である仲田建築に教えてもらいます。たくさんあればあるほどいいと思われがちな収納ですが、家族の生活動線に沿った場所に適宜あれば必要以上にはいらないとのこと。仲田建築は、以前も何回か講師として登場しているので、リピーターのママからは「前回もいた仲田建築さんですよね？」と声を掛けられて認知されるまでになっていました。

□参加したママの声

「DIY最中に板が反ってしまい困っていたら、仲田建築さんがうまく対処してくれました。大工さんって近寄りがたいイメージでしたが、やさしく対応していただき、親近感がわきました。収納についても目からウロコで、とても勉強になりました。何より金づちでトントンするのは、楽しかったです」

□営業企画部　谷井直美の声

「自分の家を持つことは、人生で大きな出来事となりますから、少しでもお役に立てることができればうれしいです。また、地元には信頼できる工務店さんが多数あります。大手ハウスメーカーにはできない細やかな対応、その後のフォローメンテナンス、

ママゼミ

「食育」「マネー」…得意分野で育児応援

異業種タッグ「ママゼミ」

共同体結成し継続開催

こち女 Women's CHOICE

「子育て世代を応援し、浜松を盛り上げたい」―。浜松市内の企業4社がコンソーシアム（共同体）を結成し、子育て中の親に役立つ講座「はままつママゼミ」を継続的に開催する事業に乗り出した。試行期間を経て、5月から本格展開する。異業種の企業が共同体形式で子育て支援講座を企画、運営するのは珍しいという。
（浜松総局・塩見和也）

浜松の4社

参画したのは総合エネルギー業「エネジン」と産婦人科専門の「かば記念病院」、杏林堂薬局、浜松信用金庫。社会貢献の一環で各社も子育て支援事業に取り組んでいることを知った同信金が呼び掛けた。

担当者は「個別に実施するよりも、ブランディングして発信力を高めたほうが参加者が集まる」と狙いを語る。事務局はNPO法人はままつ子育てネットワークぴっぴ（同市中区）に依頼し、専門的な立場から事業展開に関する助言を受けられる体制を整えた。

講座はそれぞれの得意分野の知見を生かし「くらし」「健康」「食育」「マネー」などの内容を計画。受講は無料で、必要に応じて託児（500円）を用意するなど、子連れで気兼ねなく参加できるようにする。

各社の担当者は4月下旬、同市中区の市子育て情報センターでキックオフミーティングを開いた。「支店網を生かしてチラシを配れる」「店舗の掲示板は活用できる」などとPR方法のアイデアが次々と飛び出し、「ブランドが壊れるので商売色は出さない」との注意事項も確認した。

各社が資金を拠出して公式サイトも作成。講座の詳細な案内を掲載し、応募フォームも設けた。担当者らは「県内や全国のモデルに発展させたい」と意気込む。

キックオフミーティングで「はままつママゼミ」のPR方法などを話し合う担当者ら＝4月下旬、浜松市中区の市子育て情報センター

「静岡新聞」
2017年5月1日

地産地消、また地域おこしなどをして地域貢献を行っています。私たち、中小企業も地域のなかで活かされている存在なので、今後とも、地域の皆さまが元気になる構図を描いて、取り組んでいきたいと感じました」

観光協会×協業企業×小学生×当社で夏休み絵画展、パッケージ企画を実施

4者以上のアライアンスの例をもう少し紹介しましょう。観光協会と協業企業（複数の場合もあります）と当社、また小学生に参加してもらってのアライアンスです。小学生に対しては「アライアンスを組む」といっても理解してもらえません。ですから、「夏休みに一緒にやるイベントに、小学生の皆さんも積極的に協力してね」という程度のアプローチになります。

4者は次のようなニーズや課題を持っています。

①観光協会は？

観光振興のためのＰＲ活動に積極的に取り組みたい。祭りやイベントを含めた観光

資源を積極的に活用していきたい。

②協業企業は?

ＣＳＲ活動に関わることで自社のＰＲをしたい。

③小学生は?

夏休みの課題を通して、地域の歴史や文化を知りたい。

④当社は?

学校、子ども、子育て世代との接点を強化したい。新規のアライアンスに取り組みたい。

こうしたアライアンスの効果としては、学校や観光協会を通じて行うことになるので、地域に根ざしつつも大規模な企画になりますが、協業いただける企業や団体の数が多くなれば、実質的な負担金額は少なくなります。その半面、地域へのインパクトは大きくなります。また、アライアンスを組んで取り組む各企業のＰＲ効果も大きくなります。

当社にとってのプラスの効果としては、観光協会から観光施設をご紹介いただければ、営業の拡大が見込めます。また、新規アライアンス先の候補が増えること、小学校との接点の強化につながることも大きなメリットです。

【事例紹介】 絵画展&商品パッケージ企画

児童絵画展を開催して、優秀作品はアライアンス先の商品パッケージとして採用するという企画を継続しています。絵画を募集するだけではなく、応募作品を地域の店舗に展示することで子どもたちの絵がより多くの方の目に触れ、店舗の集客にもつなげていきます。また小学生の絵画が商品パッケージになることで社会的注目度も向上し、販売促進にもつながります。

□小学校教頭先生の声

「今年もこの企画をやっていただいてありがとうございます。こういう取り組みは本当にありがたい。来年もあれば必ず声を掛けてくださいね」

□**保護者の声**

「うちの子が絵画で賞もらったでしょ？　それで急に勉強もやる気になっちゃって本当にエネジンさんには感謝ですよ」

□**営業企画部　北井佑佳の声**

「入社年次に開始した企画であり、また、2017・2018年においては、メイン担当として企画運営を務めた企画です。私は、『地元・地域に貢献したい』という思いがあり、エネジンに入社をしました。このパッケージ企画はそうした思いを叶えられる企画でしたし、まだ実務の経験が少ない私にとって、大変やりがいのあるものでした。

特に表彰式では、受賞した子どもたちや、そのご家族の方のうれしそうな表情を見られたときや『今日はありがとうございました！』という心のこもったお言葉をいただけたときは、自分が携わっている仕事に誇りを持てました。

また、協業企業さまとのやりとりには、特に刺激を受けました。業界の異なる企業

夏休み絵画展・パッケージ企画

児童描いた直虎と浜名湖の絵を展示
きょうまで北区

浜松市内31小学校の児童が「井伊直虎と浜名湖の風景」をテーマに描いた絵が20日まで、同市北区の杏林堂薬局引佐店などで展示されている。来場者の人気投票を受け付け、投票数の多かった優秀作品は菓子商品のパッケージに採用される。

多様な地域貢献に取り組む総合エネルギー業のエネジン（中区）が子どもたちに地域への愛着を深めてもらおうと、杏林堂薬局などの協力を得て企画。夏休みの課題として学校を通じ絵画を募集したところ、尼姿の直虎が湖で遊んでいる様子などを描いた作品２７４点が集まった。児童の絵がパッケージにデザインされた菓子商品は同薬局で２０１８年１月ごろから販売予定。

直虎と浜名湖をテーマに描いた児童の作品
＝浜松市北区の杏林堂薬局引佐店

「静岡新聞」2017年10月20日

さまのご意見は新鮮で、大変勉強になりました。エネジン1社ではできることも限られますが、『地域活性』という同じ目的を持った企業が集まれば、いろいろな可能性が生まれることを学びました。そして何より賛同いただける企業が、これだけ多くあることにも感動しました」

中学校×プロスポーツ団体×協賛企業×当社で部活動をサポート！

最後は中学校、プロスポーツ団体、協賛企業（複数の場合もあります）、当社の4者によるアライアンス例をご紹介しましょう。

なお、プロスポーツ団体の場合は、その団体が属する連盟の規約等により、アライアンスを組むことが難しい可能性もあります。その場合は、アライアンスという性質のものではなく、協賛といったかたちで、いわば差し障りのない範囲でご協力いただくケースもあります。

それぞれの企業や団体には、次のようなニーズ・課題があります。

①中学校は？

専門家による部活動の支援、生徒と親の部活動に対する意識の向上、部活動のレベルの向上などを望んでいる。

②プロスポーツ団体は？

より多くのファンを獲得し、対象スポーツを普及させたい。

③協賛企業は？

企業や商品のＰＲを進め、新規アライアンス先との交流を深めたい。

④当社は？

中学校との接点、子育て世代との接点を強化したい。

この４者によるアライアンスでは、それぞれの購買層やファン層、ターゲットになる層に確実にＰＲできます。そして、アライアンス企業・団体同士の交流による効果も期待できます。さらに、学校が注目されると、その地域全体の価値が上がるような効果も期待できます。当社としては、中学校との接点が強化でき、セミナーに来社いただくことによる企業ＰＲも期待できます。そして、中学生やスポーツファンの子の親など子育て世帯との接点も強化できます。

実際にプロスポーツ団体の選手に協力いただいて、たとえば、プロ野球・中日ドラゴンズの浜松出身選手へのインタビューと球場内の案内を受けたうえでの野球観戦、女子バレーボールのブレス浜松とのバレーボール教室、フットサルチームのアグレミーナ浜松とのサッカー教室などを行いました。

協賛企業とのアライアンスでは、ドラッグストアがメインとなって行ったケガ予防のスポーツ栄養セミナー、食品メーカーとの食育・プロテイン講座、また、動画分析を行うＩＴ企業、株式会社スプライザから動画分析アプリの提供を受けての各種スポーツイベント、テーピングテープのメーカーとの協力によるテーピング活用術のセミナーを実施してきました。

このように数社によるアライアンスも可能ですが、どのようなアライアンスでも重要な点は、自社の強みとともに悩みや課題を突き詰めて考えることです。これを解決することがニーズとなり、ニーズが明確になって、切実なものであればあるほど、解決の手法も明確になっていく。「何ができそうか」という創造性も高まります。

この点はアライアンス先についても同様です。アライアンス先の候補が見えてきたら、そのアライアンス先の強みは何か、また、ニーズ・課題なども自社と同様に考えていきます。ひょっとしたら、想定したことが的外れになっているかもしれません。しかし、「相手の状況をしっかりと考える」ことは、アライアンス先と強み・弱みを補完し合いながら、ともに成長し、継続するうえで外せないポイントです。

そのような気持ちがあってこそ、アライアンスをどの会社・団体と組めばよいかが明確になり、相手先にも訴求しやすくなるのです。

【事例紹介】ブレス浜松による女子バレー部サポート

□中学校先生の声

「食事や栄養面について保護者の感心が高かったですね。もう少し具体的にというか実践的な内容だとよりよかったと思います。ただ、子どもたちは、ブレス浜松の選手に直接指導してもらったという経験ができたのは大きかったと思います。最後のモチベーションムービーがガツンと心に響いたみたいです。あれはよい後押しとなりまし

ブレス浜松による女子バレー部サポート

浜北区　ブレス浜松、浜名中生を指導

　浜松市の女子バレーボールチーム「ブレス浜松」がこのほど、浜北区の市立浜名中女子バレーボール部を同校で指導した＝写真＝。

　総合エネルギー会社エネジンの社会貢献事業「部活動サポート企画」の一環。ブレス浜松の藤原道生監督と選手２人が、生徒約20人に試合を意識したアドバイスを送った。

　生徒は「ブロッカーは相手セッターの動作を

見ながら動く」「選手間にボールが落ちるミスを防ぐためにポジション取りを決めておく」など選手から実戦形式で学んだ。

「静岡新聞」
2018年５月24日

た。スプライザさんのアプリも試合があるたびに保護者が動画をアップしてくれて、たくさん活用しましたし、トレーナーを育成する専門学校さんともよい関係が築けて、サポート後も熱中症対策の講座とかいろいろと近い距離でやっていただいています」

□**保護者の声**

「子どもたちはバレー教室をすごく楽しみにしていました。みんなで遊ぶとなるとバレーするぐらい好きみたいなんですけど、なかなか勝てなくて。杏林堂さんと明治さんと森永さんで共同開発した部活動サポート商品みたいなものがあったら、すごくよいと思います！　その商品のおかげで勝てるようになれば、お互いにいいですよね！是非検討してみてください」

【事例紹介】中日ドラゴンズの選手に会いに行こう！

□**生徒の声**

「まさかほんとにプロ野球選手と会えるとは思っていなかった」

中日ドラゴンズの選手に会いに行こう！

鈴木翔太投手に質問する引佐南部中野球部の生徒ら＝18日、名古屋市東区のナゴヤドームで

練習法教えて「翔太先生」

浜松の中学野球部員ら交流

浜松市北区の引佐南部中学校の野球部員たちが十八日、プロ野球中日ドラゴンズのオープン戦が行われたナゴヤドーム（名古屋市東区）を訪れた。浜松市浜北区出身の鈴木翔太投手（二二）＝聖隷クリストファー高出＝に練習法や選手としての心構えを聞き、野球への意欲を新たにした。

二年生十人と、この春に卒業した二人の計十二人が参加。オリックスとのオープン戦の試合前練習を終えた鈴木投手に質問をぶつけた。

鈴木投手は昨年けがをして練習が思うようにできなかった時期に、他の選手の投球を動画サイトで見てモチベーションを上げた経験を紹介。「自分に足りなかった部分も見えて、結果的に今の好調につながった。ピンチこそ成長のチャンス」と話した。

「ストレッチをする時、限界のところで一度息を止めてから息を吐くと、さらに体が伸びて体が柔らかくなる」など具体的なアドバイスもあり、生徒らはメモを取りながら聞き入っていた。

プロ野球選手が夢という野末晃成さん（二年）は「走り込めば走り込んだ分だけ足は速くなる、という言葉が一番印象に残った」と振り返った。

訪問は、浜松市の地域活性化団体「はままつ応援隊」に参加するプロパンガス販売の「エネジン」（同市中区）が、地域の中学生の部活動支援の一環として企画した。（安達健）

「中日新聞」2017年３月19日

「一生の思い出になりました」

□地域企業の声

「先日新聞に大きく載っていましたね。プロ野球チームまで動かしたってどうやってやったんですか？　教えてほしいです」

□中日ドラゴンズ広報部の声

「静岡県西部、特に浜松は昔から中日新聞等のシェアが多い地域です。新城まで野球教室などで選手たちとうかがったりしていますし、企業の営利目的ではないのはわかりましたし、面白い企画なのでできる限りご協力させていただきます」

アライアンスを実現する提案書をつくる

ＣＳＲ活動＋アライアンス＋メディア化によって実際に自社で企画をつくり、実践していくとき、特に大切なのが「アライアンス」を意識することです。

ＣＳＲ活動については、実践する形態や成果を問わないのであれば、自社独自にできることといえます。

また、メディア化については、相手であるメディア側がどう反応するかを、こちらではコントロールできません。

すると3点セットにおいて、残るアライアンスについては、他社と協働することもあり、綿密に練られた提案書をもとにした企画が重要になります。それが実現できてこそ、「他社も共通の視点や課題を持っている」という意味での社会性が生まれます。

繰り返しますが、アライアンスは、その目的が一致していなかったり、信頼関係ができていなかったりする状態ではうまくいきません。また、企業文化が違いすぎる、コミュニケーション不足や他力本願の姿勢、目先の利益だけに目が奪われるアライアンスも、失敗に終わる可能性が大です。しかし、そのような状況でないならば、互いに密に連絡を取り合い、進めていくことをおすすめします。

このときに欠かせないのがアライアンス先へ提出する**提案書**です。以下の例で提案書のまとめ方をイメージしてください。

■たくさんの関係先を巻き込んだ「ペットの座談会」

この企画は、獣医師会・飼い主・ペット関連メーカー・住宅会社・当社で取り組みました。ペットに関して、獣医師は「飼い主とのつながりを持ちたい。飼い主にどんなニーズ・課題があるのかを知りたい」、飼い主は「ペットのいる日常生活の悩みごとを、どこに相談していいか知りたい」、ペット関連メーカーや住宅会社は「飼い主のニーズ・課題、住宅に関する悩みを聞きたい」、そして当社も「ガスをお使いいただくお客さまとして、ペットの飼い主にどのようなニーズ・課題があるのかを知りたい」と思っています。

そうしたお困りごと・悩みごと、ニーズ・課題をざっくばらんに話し合っていただくというのが「ペットの座談会」という企画です。

ただ話し合うだけでなく、何かしらの解決方法、特に「飼い主のお悩み」の解決方法を導き出していくことが欠かせません。

たとえば、飼い主にとって、

「家のクリーニングが大変」

という悩みがあれば、

「ペットのいる家のクリーニング講座を開けないか」

という解決方法が導き出せます。

同様に、

「夏場、ペットの犬の熱中症が心配……」

という悩みがあれば、

「まず、犬の熱中症の症例などの情報、対応方法の情報を集めよう」

という解決方法が導き出せます。


「留守中の空調管理ができれば……」

という悩みがあれば、

「空調や監視カメラなど、安心して出かけられる設備・サービスを提案できます！」

という解決方法が導き出せます。


「大地震が起きたら、ペットとどのように避難すればよいのか」

という悩みがあれば、

「避難所で共に暮らすのは難しい。やはり自宅の減災対策が肝心……」

という解決方法が導き出せます。

アライアンス先へ提出する提案書の例

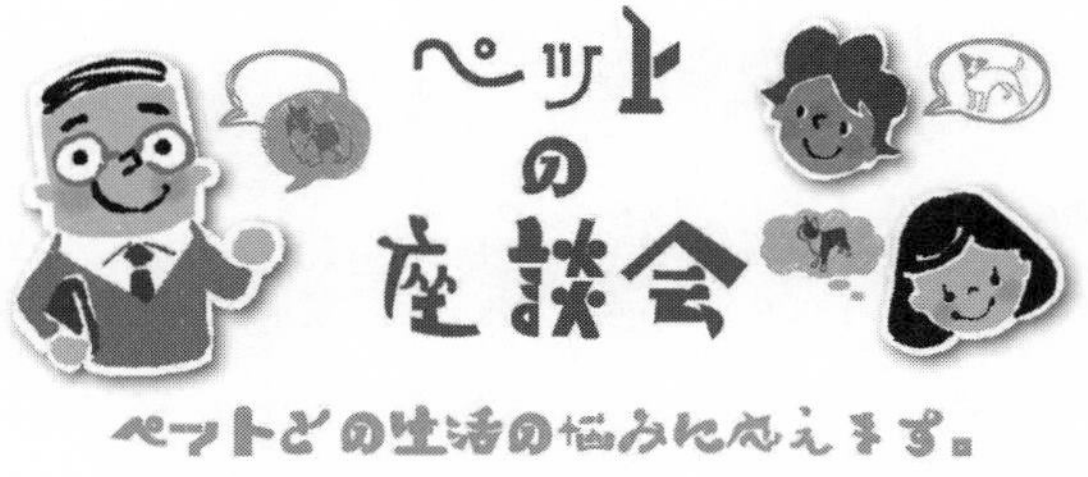
ペットの座談会
ペットとの生活の悩みに応えます。

■獣医師の先生　「飼い主との繋がりを持ちたい。ニーズを聞きたい。」

■ペットの飼い主　「日常生活の悩みをどこに相談していいか分からない。」

■エネジン　「飼い主のニーズを聞きたい。情報収集。」

■メーカー　「飼い主のニーズを聞きたい。」

■住宅会社　「飼い主のニーズ・住宅に関する悩みを聞きたい。」

飼い主の悩み解決！

座談会を通して
空間プラン・リフォームプランを作り上げていく。

飼い主お悩み　家のクリーニングが大変…
これで解決！　クリーニング講座がひらけないだろうか？

飼い主お悩み　夏場の停電でエアコンがきれると犬が熱中症に…
これで解決！　対応できる情報、集めます！

飼い主お悩み　留守中の空調管理ができれば…
これで解決！　空調や監視カメラ等、安心して出かけられる設備を！

飼い主お悩み　雷や車など、騒音にすぐ怯えてしまう…
これで解決！　遮音性能の高い内窓をつけてみたらどうでしょう？

このように、飼い主の悩みごとに対して、関係者がそれぞれ専門分野からの解決策の提案を行っていきます。

このような「ペットの座談会」は大掛かりなものではなく、小さな「茶話会」のような感じで積み重ねていくことで、ピンポイントな悩みごとの解決につながります。

そして、それを実現することが協働そのものなのです。この座談会自体をメディア化していくこともできますし、解決方法をそれぞれのアライアンス企業がCSR活動として取り組むこともでき、メディア化することも、収益を上げることもできるのです。ちなみに、この「ペット座談会」は、最後に挙がった「ペットと避難を考える」という課題に取り組むことになり、「ペットと避難を考える」というセミナーを開催することに発展していきました。

ペットと避難を考えるセミナー

「ペットと避難」考える

浜松市獣医師会 セミナーに200人 平常時から備え必要

災害時の小型犬を連れての避難方法を紹介する利岡さん（中央）＝浜松市西区の市動物愛護教育センター

浜松市獣医師会（木保新会長）が主催する「もしもの時、愛するペットとどう生きますか?」と題したセミナーが8日、西区の市動物愛護教育センターで開かれた。約200人が参加し、大規模災害時にペットの命を守り、一緒に避難生活を送るための心構えや備えを学んだ。

　家庭犬のしつけインストラクター利岡裕子さん（静岡市）が講師を務めた。利岡さんは飼い主には災害時も「愛犬の命を守る責任がある」と指摘。ペットを置き去りにせず、安全な場所に連れて行くにはまず「自助の力」が必要として平常時の備えを求めた。

　飼い主の身を守る対策を講じた上で、家庭内でのペットの危険度チェック、薬や水、フードなどの備蓄、病気予防の徹底などを通じて「減災」する必要性を説いた。さらに小型犬を連れた避難法を実演し、避難生活で周囲とのトラブルを防ぐための備えも解説した。

　セミナーではこのほか、中区の総合エネルギー業「エネジン」の社員が東日本大震災の被害や復旧状況について解説した。

　同獣医師会がペット防災の一般向けセミナーを開いたのは初。木俣会長は「多くの参加があり、関心の高さを感じた」とし、来年度発足する市動物愛護推進協議会などを通じ、市のペット防災施策に提言する考えを示した。

「静岡新聞」2015年２月10日

アライアンスがうまく組めないときには

　ここまでさまざまなアライアンスの例をご紹介しました。少し補足をしておくと、初めからすべてのアライアンス先が乗り気だったわけではありませんし、アライアンスを持ちかけてもお断りされて企画自体がとん挫したケースもありました。とはいえ、そうしたことは、通常業務でもよくあることでしょう。

　どうしても、アライアンスを組みたければ、相手によりメリットを感じてもらえるよう企画を練り直して再アタックするとか、有力なツテをたどって紹介してもらうとか、実現に向けて知恵を絞るだけです。

　まずはできるところから、コツコツ実績をつくっていくことが大切です。アライアンスの実績の積み重ねは、新規にアライアンスを依頼する際に、先方が前向きに検討するための有力な材料となります。
あらためてアライアンスのポイントをまとめてみます。

①自社の強み・弱み、ニーズ・課題の抽出
②アライアンス先の選定と、強み・弱み、ニーズ・課題の抽出
③両者のニーズ・課題の重なるところを踏まえて企画
④実行

自由に設計をしていきましょう。

第4章

地域のお役に立つ方法（メディア編）

「メディア」を理解する

地域のお困りごとを見つけだし、それを他社と協働して解決し、最終的にその取り組みを自社の成長につなげていくとき、メディアが重要な役割を果たします。

なぜなら、どのような取り組みも、**それをやっていることを多くの地域住民に伝え、知ってもらわない限り、効果は限定的で、安易な〝自己満足〟に終わってしまう**可能性があるからです。

■多種多様なメディアがある

世の中には、ざっと挙げるだけでも、多種多様なメディアがあります。

①マスメディア

新聞やテレビ、雑誌、ラジオなどがある。

②オウンドメディア

会社がお客さま、消費者に向けてみずから発信する媒体のことで、自社のウェブサイトやブログ、ユーチューブ、チラシなどがある。

③ソーシャルメディア

一般にＳＮＳと呼ばれているもので、フェイスブックやインスタグラム、ツイッター、ラインなどがある。

このような多種多様なメディアのうち、②のオウンドメディアや③のソーシャルメディアは、いわば自社から自由に発信できる点が大きなメリットであり、ビジネスにおいても活用が進んでいます。

しかし、それが第三者の評価につながるかは別問題。ひょっとすると、身近な人に〝伝えただけ〟で終わってしまうかもしれません。

②のオウンドメディアや③のソーシャルメディアで伝えたことを①のマスメディアで伝えることができれば、より社会的な意義を持たせることができます。

①のマスメディアの記事は、記者や媒体という、第三者の手によって事実を伝えてくれることに大きな価値があるといえます。少なくとも、「地域を元気にする取り組み」であると、記者や媒体に評価されなければ、紹介されません。

このため、その取り組みを実施する側としては、まずは「掲載されるだけで意義がある。認めてもらっている」と考えるべきでしょう。「思いどおり自由にアピールはできないけれども、取り組みの事実や社会的意義を媒体が担保してくれる」と考えるのです。それができれば、前記①～③のメディアは、「自社側の意図によって、使い分けていく」ことが大切であると理解できるようになります。

■自画自賛しても評価は得られない

マスメディアと他のメディアには次のような違いがあります。

①広告と記事の違い

第一に広告と記事の違いです。広告、たとえば「チラシを1万枚印刷してポスティングすること」と「新聞・テレビに取り上げられること」の違いは何か、どちらが効果的か、ということです。

②自社と他社の違い

自社と他社の違いとは、たとえば「あなたがあなたの会社や商品を素晴らしいと言うこと」と「他人があなたの会社や商品を素晴らしいと言うこと」の違いです。どちらが効果的でしょうか。

この①と②の違いを見れば、メディア化の意義は明らかです。**広告ではなく記事に、また、自社ではなく他社に働きかけて評価を得たほうが、断然アライアンスの意義が高まります。**

実際の売上や利益に対する貢献度は、個々に精査していく必要がありますが、少なくともＣＳＲ活動を始めたばかりの初期の段階では**「他人（他社）に認められてこそ意義がある」**と考えるべきです。

自社の広告宣伝であれば、予算の制約はあっても自社の思いどおりに発信することができます。それで一定の評価を得ることも不可能ではありません。

しかし、その内容を他人が本当に評価するかは別問題です。特に中小企業における自社による広告宣伝は、自己満足に終わるリスクもはらんでいます。

一方で、新聞の記事やテレビの情報番組に、必ず取り上げてもらえる保証はありません。取り上げてもらえなかった場合、さまざまな事情はありますが、その一つに「取り上げるほどの社会的意義がなかった」ということがあるでしょう。

そういう判断であれば、それを冷静に受け止め、取り組み内容を再検討することも必要です。いずれにせよ、**「ＣＳＲ活動というものは「他者に評価されることに社会的な意義があり、自分で評価しても意義はない」と考えるべき**なのです。

会社の「伝える力」「伝わる力」が磨かれていく

戦略的ＣＳＲ活動をアライアンスを組んで行う際、それがさまざまな媒体で紹介されれば、アライアンス各社の認知度が高まります。そして、これが実現できれば、今度は各社が独自の取り組みを進め、より社会に貢献していくことも可能です。

メディア化はまさに、「どのようなことでアライアンス先、地域社会の役に立つか」を実践した姿と言うこともできるのです。

■メディア化で得られる効果

メディア化で得られる効果には、まず、**信用度が高まる**ことが挙げられます。さまざまな企画で記事に取り上げられるようになれば、「社会的に意義ある取り組みを行っている会社」と評価され、社会的な信用が得られます。それが自社の価値を高めることにもつながるのです。

また、掲載記事が蓄積されていけば、自社の価値を伝えていく**マーケティングに活用**することも不可能ではありません。単純に考えて、何をやっているかを営業マンが必死になってお客さまに伝えなければならない会社より、「○○の取り組みが雑誌に載りました。その会社です」という営業トークをできるほうが、スムーズに新しい商談に入ることもできるはず。それは普段の仕事のみならず、新たな取り組みを社外に広めることができますし、さらには新たなアライアンスにもつながっていきます。

そして社内のスキルアップに直接つながることとしては、**情報発信力が強くなること**が挙げられるでしょう。

「当社は、何に、どのように取り組んで、社内外にどんな効果をもたらしているのか」を、常日頃から意識し、発信できるようになるからです。

それは、「どうやって会社の価値を高め（ブランディング）、その価値を伝えていくか（マーケティング）」に直接関わることでもあります。

「はじめに」でご紹介したように、自社の強みというものを持っていながら、伝えられない、伝わらないというジレンマを抱えている地方の中小企業にとって、この「悩み」を根本から解決していくことにつながるのです。

パブリシティで情報発信をする

170・171ページで紹介をしたように、情報コンテンツを発信するメディアには多種多様なものがあります。ツイッター、フェイスブック、インスタグラム、ユーチューブ、ブログ、ホームページ、テレビ、ラジオ、口コミ、雑誌、新聞、ニュースアプリ、ショップカード、DM、折込広告、新聞広告、ネット広告、付録、営業活動、街頭演説、レビュー、セミナー、リーフレット、チラシ……。

CSR活動+アライアンス+メディア化の一気通貫した企画でも、これらのメディアを上手に使い分け、確実に情報を相手に届けることが大事です。

本書で述べているメディア化とは、新聞、テレビ、雑誌、ラジオなどのマスメディアを主に念頭に置いたものです。

繰り返しになりますが、次の2つの噂話のどちらに信憑性を感じますか？

・タバコが1箱1000円になるって、新聞に書いてあったよ！

・タバコが1箱1000円になるって、ネットに書いてあったよ！

当社では明らかに、新聞のほうに信憑性があると考えます。それが新聞の社会的信用というものだと思います。

さらに、「新聞に書いてあった」ということが、記事として書かれていたのか、広告として書かれていたのか、どちらのほうが信用度が高いでしょうか。これについては、当社では記事のほうが信じられやすいと考えています。記事は第三者視点の情報だからです。

つまり、より客観的に信じるに足る情報であることを伝えるには、新聞に記事として載せてもらうのが一番なのです。

しかし、ここには2つのネックがあります。

一つは、**新聞記事は「載せてもらえるとは限らない」**ことです。せっかく載せてもらおうと努力しても、載せるかどうかは、新聞社側が判断することです。

そしてもう一つは「弊社の取り組みを新聞に掲載してください」と率直にいうと、たいていは**「広告をご利用ください」**と返答されます。広告と記事とでは、情報発信する主体が代わるため、明らかに趣旨も変わってきます。この点は、メディア側でなく、企業側が理解し、考えていくべきことです。

■重要なのはパブリシティ

新聞に記事として載せていただく際に、情報の提供者として欠かせないのが**「パブリシティ」**です。パブリシティは一般に**「広報活動」**と捉えられています。

ここでは、より厳密に**「団体や企業がその事業や製品・取り組みに関する情報を報道機関に提供し、マスメディアに報道されるように働きかける広報活動」**と定義をしておきましょう。

パブリシティによって新聞にその記事が載れば、次のような効果が期待できます。

・会社全体が明るくなる
・社員のモチベーションが上がる
・営業ツールとして誰もが活用できる
・会社のブランディングにつながり、信用が構築できる
・金融機関から評価され、融資を受けやすくなる
・地域での知名度がアップする
・採用に強くなる

情報の提供側としては、多額の広告費をかけるのではなく、パブリシティとはどのようなものかを理解し、他社とは異なる独自の路線を築いていくことが重要なのです。

パブリシティでは地元紙と全国紙の地方面をイメージする

当社のようないわゆる地方企業が、どのようなパブリシティを心がけていけばよいか、具体的に考えてみましょう。まず、ねらいどころは、それぞれの**地元紙と、全国紙の地方面**に載せてもらうことを想定することです。地元紙・全国紙の一面や経済産業面などは、どうしても大手企業や行政のニュースが占めます。

その点、地元紙でもそれぞれの地域面や全国紙の地方面であれば、大手企業や行政とのバッティングを避けることができます。ビジネスに直結するものでなく、公益性の高いテーマ、社会的に意義のある取り組み、心温まる話題などのほうが取り上げられやすいように思います。

■地元紙から業界紙、全国紙、テレビへと広がることも

ここでは、それぞれの地方の地元紙に取り上げてもらうことを想定してみましょう。地元紙はそれぞれの企業にとって、何より身近に感じられる存在です。

また、これは当社側の思い込みがあるかもしれませんが、地元に特化しているぶん、記者の取材拠点が多く、地域に密着していて、扱ってもらえそうなスペースも多いように思います。一つのパブリシティが、社会・政治・経済・生活・文化など各方面の紙面と接点があるように思えるのです。

さらに地元のなかでも地域を細分化しているので、市町村単位で紙面が構成されているケースが多く、それだけ接点が多いのではないかと感じています。

そして、地元紙の一つの記事が呼び水となって、それぞれの地元メディアに波及していく効果も期待できます。地元紙の記事が業界紙の取材につながり、全国紙の取材につながっていき、テレビの情報コーナーに結びついていくケースがあるのです。

特に、町おこしのアイデアのような特定企業が前面に出ていないプロジェクトのほうが、社会的な必要性も高まって見えます。

このようなメリットを考えれば、より社会性のあるテーマで自社の情報発信を続け、それが複数回新聞紙上に載り、その地元紙の新聞記者とつながりができてからメディアとの関係が始まっていくというくらいで考えたほうがよいでしょう。

メディアリリースの作成ポイント

具体的なパブリシティ活動では、**メディアへのリリースを作成すること**が大事であり、最も重要な活動です。

当社もＣＳＲ活動を始めた当初は、ひょんなことから新聞社の取材を受け、記事にしていただきました。その頃は、そもそもメディアリリースがあることやリリースの書き方があるということさえ理解していませんでした。

しかし、回数を重ねていくうちに、徐々に「このようにリリースを書けば、相手、すなわち取材していただく記者などに伝わりやすい」という「書くためのコツ」や「押さえておかなければならないツボ」のようなものを理解できるようになりました。

リリースを作成する際のポイントには次のようなものがあります。

・各メディアの記者が「取材したい」「記事にしたい」と思うような情報を書き込む
・リリースシートを読むのはお客さまではなく、記者であるという認識を持つ
・記者が読んだとき、最初の30秒で明確に伝わるよう要点を絞る。その取り組みの背景や状況説明などを長々と伝えるのはダメ
・必ず目にする「見出し」が重要と心得る
・書いたリリースシートを実際に自分で音読してみる
・造語や業界用語は使わないようにする
・カラーの写真やグラフによって視覚に訴える
・リリース内容そのものに制限を設けない
・記事になったときに、自社の営利活動を手伝うようなものではなく、記者のためになることを意識する

■A4用紙、1枚で伝える

メディアリリースは一定の書式にしたほうが、継続的に作成・送付することができます。その際、次の「三大原則」「基本書式」「必要事項」を押さえるようにします。

①三大原則とは?

リリースシートはA4で1枚、本文は「です・ます調」で、一リリース・一テーマで、が三大原則です。なお、全体では添付資料を含めても3枚くらいまで、縦・横の向きを揃えることなどにも留意します。

②基本書式

レターヘッド(社名やロゴなど)、タイトル、リード、本文、連絡先、担当者名の6つの項目があることを押さえておきます。

③必要事項

5W1Hを踏まえ、グラフや写真を入れることも押さえておきましょう。

■でき上がったリリースはどこに送るか

実際にリリースをつくってみましょう。前述の基本書式の6点を、次ページのフォーマットにそってA4用紙1枚にまとめます。その際、次の内容も盛り込むようにしてください。

①リリースを出す企画の目的
②企画の詳細説明
③過去の事例や取り組みの補足
④後援や協賛等関係先

参考までに見本も紹介しておきます（190ページ）。

リリース基本フォーマット

①レターヘッド
②タイトル
③リード
④本文
⑤連絡先　⑥担当者名

リリースの例

エネジン eneGene

作成日：2017/5/10　エネジン株式会社　営業企画部

学生が●●●●●●企業を訪問！

県立●●●高校と共同で、
●●●●●PR活動をスタートします！

静岡県立●●●高校の学生が、●●●●●●地元の企業を取材し、学生目線で作成したブログ・紙媒体を通じて情報発信していきます。

エネジン株式会社（代表取締約社長　藤田源右衛門）は、県立●●●高校商業課の生徒（26人）と、●●●●●●●●●●●●●するPR活動を共同で取り組みます。
学生自身のスキルアップと、学生が地元の企業を知り、地元に更なる魅力を感じて頂く事で、将来的な若者の人口流出防止とUターン推進の社会問題を背景としております。また中小企業としては学生に自社を知って頂き、更なる地域へ●●●●●●と●●●●●●●と事業繁栄へも繋がっていけばと考えております。取材内容はエネジンが運営する浜松市の情報発信ブログ「エネフィー家のほのぼの日記」と、紙媒体で協力店舗・企業からも発信していきます。

第一回目授業日程

平成29年5月19日（金）10：50～11：40
場所：静岡県立●●●高等学校（浜松市●区●●●●●）

例・・・
【取材先】製造業・販売業・住宅関係・不動産関係・小売業等
【取　材】社長・従業員・新人へ
【発信方法】ブログ・紙媒体・取材動画等
【発信場所】エネフィー家のほのぼの日記・協力企業・取材先企業・●●●●●・FB・Youtube・LINE・●●●●等

※写真はイメージ写真です。

本件に関するお問い合わせ

エネジン株式会社　TEL：053-471-1449
営業企画部　FAX：053-471-8909
担当：　MAIL：　@enegene.co.jp
http://www.enegene.co.jp

エネジン eneGene

では、でき上がったリリースを、どこに、どのように送ればよいのでしょうか。慣れてきたら、それぞれのメディアの担当者個人のメールアドレスにリリースを添付して送ることもできますが、まったく初めての場合は、「さて、どうしたら？」となるはずです。

その場合は**メディア各社のウェブサイトやiタウンページ、公共図書館などで所在地や電話・ファクシミリ番号を調べてリリースを送付します**。電話して担当部署を確認したうえで送付するのもよいでしょう。

そのリリースをどのように扱うかは、各メディア次第です。取り上げることを前提にあらためて取材いただくケースもあれば、イベントの当日にメディア側の〝企画取材〟というかたちで取材に来ていただくケースもあります。

一方、見向きもされないケース、ゴミ箱に直行するケースもあるでしょう。それらの対応についてリリースの送り手のほうからムリに働きかけることはできません。

この段階で大事なのは、何か広く伝えたい社会的意義のある取り組みであれば、それをリリースにまとめ、メディアに取り上げてもらえるように**送り続けること**です。

取材が来たときどう対応するか

リリースは、遅くてもイベントなどの取り組みを実施する日の2週間前には、メディアの担当者に届くように出します。

前述のように担当者のもとにファクシミリ送信をしたり、メールや郵送、電話などで伝えたり、記者クラブに配付しておくケースもあります。その担当者が最も目にしやすい方法で送ればよいのです。そのリリースに対して、メディアがどう反応するかは相手の判断次第ですから、こちら側としては、状況を把握しておくようにします。

まったく何の返答もいただけないケースもあれば、「当日、取材をしたい」と言っていただけるケースもあります。また、別の前後する日程で取材したい旨の連絡をいただくケースもあります。特に取材をしていただく場合は、メディアで働く人がどのようなスタンスで取材しているかを理解しておくことが大切です。

メディアで働く人は、いわば「言論の自由」に携わる専門職であり、国民の「知る権利」に寄与する社会的使命を感じつつ取材に臨みます。この社会的使命を情報の発信側も理解しておかないと、意志の疎通が図れません。

■取材時の心得と対応

メディア対応の基本はどのような場合も、**記事にしていただくという謙虚な姿勢**が大切です。当然ながら明るく笑顔で接し、レスポンスは早く、事前に想定される質問に対する答えを準備しておいたほうがよいでしょう。

その応対のなかで嘘や大げさな話は絶対にＮＧです。なお、「取材内容を裏づけるデータがほしい」「できれば、写真を用意していただきたい」など、メディア側は状況に応じて要望を出すケースがあります。そうした要望に即対応できなければ、「後日、メールでお送りします」などと告げ、できる限り要望を叶えるようにします。

当日は、会社案内などの基礎資料、取材対象の企画や商品に関する資料、また、過去に掲載された新聞記事など一式を用意しておきます。「ご参考までに」と渡せば、記事をまとめる際、基本的な言い間違いや聞き間違いを防ぐことになります。

パブリシティを通した取材は、企業側からの要望であり、メディア側から「取材させてほしい」という申し出があって実現するものではありません。こちらからの申し出ですから、謙虚で行き届いた対応が求められます。

そして、記事を掲載いただいたあとは、読者からの連絡や関係者が喜んでいることを率直に述べ、お礼を伝えます。「少しニュアンスが違っていました」とか、「こういう内容・アングルで掲載してほしかった」というのは、NGです。どういうかたちで取り上げるかは、メディア側の権利に関わること。その権利を侵害することにつながりかねない発言は、慎むべきです。あくまで、こちら側の今後のパブリシティに活かすことが大切なのです。

CSR活動＋アライアンス＋メディア化を始めよう！

ここまでご紹介をしてきたCSR活動、アライアンス、メディア化。この3つの組み合わせは、地域に根差した中小企業にとって、地域からより信用され、必要とされる会社となるために、不可欠な取り組みです。

そして、これは**差別化ではなく、独自化の取り組み**でもあります。

マーケットにおいては、他との差別化を図る観点より、むしろ独自化をめざしていくことが大切です。市場には「もの」や「こと」があふれていますが、そのなかで「差別化」だけを考えると、常に他との競争になります。競争にさらされ、敵をつくってしまい、勝利至上主義といったものにとらわれてしまうのです。たとえうまく差別化できたとしても、差別化を競う過程でやがて平準化されていき、結局横並びとなってしまうかもしれません。

ところが独自化では、敵をつくることはなく、ライバルもつくりません。差別化できているか、横並びになってしまっているかを、あまり考慮する必要はなく、「当社はこれでやっていく」という自社の信じたやり方を推進していけばよいのです。「他社からお客さまを守る」というニーズや課題が出てきた場合でも、ライバルからお客さまを守る取り組みを行うのではなく、自社の独自化を評価していただけるお客さまとの絆を強くするということを実践していけばいいのです。

■まず、自社から取り組んでみよう

いきなりＣＳＲ活動、アライアンス、メディア化の３つすべてを組み合わせて取り組むのは、簡単ではありません。その場合、**まず自社独自でできることをやってみて、それを継続していく**ようにします。継続できれば、やがて、その取り組みの「輪」が広がっていきます。

もう一度、77ページの「お客さま＝地域の関わりのある人々」の図を見てください。どのような中小企業でも、じっくり考えていけば、たくさんの地域の人々との関わりが見えてくるはずです。

その方たちの「お困りごと」にアプローチしていけば、やがてその行為に社会的な意義が生まれ、その社会的意義がブーメランのように自社の「仕事」に返ってきます。新しい考え方を学んだ、社内に活気が出てきた、採用がうまくできるようになった、退職者が減った、新しい事業のタネがみつかった、売上や利益に貢献した……など、少し時間はかかるかもしれませんが、事業にも好影響をもたらします。

さまざまなＣＳＲ活動、アライアンス、メディア化をパズルのように組み合わせていくことができれば、自社の弱みを補い、強みを最大限発揮できるわけですから、地域において唯一無二の存在にもなれるでしょう。

「ＣＳＲ活動＋アライアンス＋メディア化」は多くの相乗効果を生んでいきます。そしてこの**相乗効果こそが、成果につながる鍵**なのです。

第5章

「地域のお役に立つ」は経営・市場戦略

ＣＳＲとは経営戦略

本書の最後に、ＣＳＲすなわち「企業の社会的責任」ということをあらためて考えてみましょう。

企業の社会的責任というと、真っ先に社会貢献活動が頭に浮かびます。しかし、ただ社会貢献活動をすればよいというものではありません。そもそも社会貢献とは、社会・地域の悩みや課題を解決することで、それができて初めて地域から必要とされ、自社の存立意義が発揮されるからです。

すなわち**「行えばよい」というものではなく、行った結果が効果として表れて、初めてその会社が「社会的責任を果たした」と言うことができます。**

■CSRは利益を出し続けてこそ

CSRは、「行った結果が効果として表れることが大事」という点において、まさに経営戦略ということができます。

大企業の場合は、誤解を恐れずにいえば、余った利益を社会貢献活動に回して、その社会貢献活動の効果そのものとともに、利益を圧縮するという両面の効果を発揮するという考え方が、できなくもありません。

しかし中小企業は、そうはいきません。「効果」というとき、売上高が伸びる、利益が上がる、認知度が高まる、採用がうまくいくようになるなど〝目に見えるプラスの効果〟がないと実行できないでしょう。

そう考えると、特に地方の中小企業にとっては、地域の課題と密接な関わりがない活動に取り組むのは、あまり意味がありません。それでは、その地域から必要とされる存在とはなり得ず、社会貢献としては成り立たないからです。

しかもＣＳＲは、「営利追求を前提とする」企業の社会的責任です。特定の会社の社員が個人の意思にもとづいて行う社会貢献活動ではありません。企業として、組織力を結集して行うことに意義があり、また、本業の事業と同様に、長く続けていくことが重要です。

この意味でいうと、本来の企業の社会的責任は、地域を活性化させる存在として「存続すること」にあるのかもしれません。言い換えると、利益を出し続けなければ、企業の社会的責任を果たしているとは言えない、利益を出し続けてこそ実のあるＣＳＲ活動ができるということです。

この2つのことを結びつければ、端的にいうと、**「地域を活性化させる取り組みを続け、それを稼げるような仕組みとして構築し、継続すること」**が中小企業における社会的責任ということができるでしょう。

そのためには、アライアンスという仕組みは、自社が自分本位になることを避ける意味でも重要ですし、それ以上に情報発信力を強めてメディアに積極的に働きかけていくことにおいても重要なのです。

ＣＳＲをＣＳＶ＝企業の市場戦略として発展させる

さまざまなＣＳＲ活動に取り組むなかで、あるとき経営者仲間に次のような概念があることを教えてもらいました。

それが**「ＣＳＶ」**です。

ＣＳＶはCreating Shared Valueの頭文字をとったもので、**「社会貢献と企業側の利益を両立できる」**概念と言えます。２０１１年にハーバードビジネススクールの教授、マイケル・Ｅ・ポーター氏とマーク・Ｒ・クラマー研究員が発表した『経済的価値と社会的価値を同時実現する共通価値の戦略』というハーバード・ビジネス・レビューの論文のなかで提唱されました（邦訳は『DIAMOND ハーバード・ビジネス・レビュー』で読むことができます）。

■ＣＳＶとしての当社の取り組み

ＣＳＶは、「共通価値」とか「共有価値」などと訳されていて、ＣＳＲの発展系と考えることができます（似て非なるものといった考え方もあります）。

当社では、ＣＳＶを**「社会的な課題を自社の強みで解決することで、企業の持続的な成長へとつなげていく戦略」**といった捉え方をしています。

戦略の実行に会社の負担が伴うものかについては、「負担は伴わない」という考え方がＣＳＶの本流の考え方なのかもしれません。

しかし当社のような中小企業の実態としては、すぐに実現できるものではなく、まだＣＳＲ活動が初期の段階であるため、それなりの負担を覚えつつ取り組んでいるのが事実です。

ただし、自社の取り組んできたＣＳＲ活動は、実はＣＳＶにつながるのではないかというのが私の考えです。

確かに当社でも、これまで社会性に目を向けた活動を行ってきました。ただ漠然と社会性に目を向けた活動を行っているというわけではなく、会社として静岡県という地場の経済条件、子育て世代や大学生など若い世代との接点が持ちにくいという状況のもと、地域やお客さま、アライアンス先が抱えている課題を改善することにより、自社の生産性も高まると考えてCSR活動に取り組んできました。

そして、いくつものCSR活動を通じて、それがビジネスの機会であることを強く感じたのです。

つまり**「社会と会社は対立しない」**ことを実感したわけです。

■市場戦略として、攻めていい

CSR活動において、「社会と会社は対立しない」と考えたとき、次の考え方が生まれてきます。それはCSRに方針として取り組むだけでなく、**「CSRで攻めていい」**という考え方、市場戦略として取り組むべきテーマであるということです。

経営資源や専門性など、当社の持つ強みを活かし、他者とアライアンスを組み、その取り組みの実施や成果などをメディア化する——その一連の行為を「営利を追求する企業としての行動原理」にもとづいて行うということです。

その有効性が今以上に発揮できれば、この戦略はＬＰガス業界、静岡の県内企業、浜松市民や静岡県民といった枠を超え、これからの「正しい市場戦略」としてどんな会社にも不可欠なものになるでしょう。

当社にとってこの市場戦略への転換は、まだ道半ばです。

確固たる市場戦略と位置づけるために必要なのは、**より多くの会社や団体の皆さまにご理解いただいて、当面はアライアンス先を増やし、新しい実績を増やすこと**ではないかと考えています。

エピローグ

現場はどのように受け止めていたか

中心メンバーの本音

当社の一連の取り組みは、何度も繰り返しているように、現場で試行錯誤を重ねるなかで、現在のような形になっていったものです。最初から明確なゴールや計画といったものが、存在したわけではありません。

この活動の中心的な役割を担っている営業企画部は、最初は「特別営業チーム」という名称で、不動産会社にアプローチして、LPガスのお客さま新規開拓を行っていました。2009年時点では人員はわずか2名です。現在も責任者を務める匂坂幸治が、営業のアプローチ方法を試行錯誤するなかで、「特別な営業というよりも、企画のほうが相応しい」ということで、営業企画チームと名称変更。そして、さまざまな試みをして、点が線に、線がつながり輪になって成果が上がってきました。

営業企画チームは、営業企画課、営業企画部と発展していき、2019年現在、総員11名の所帯となりました。

最後に、匂坂にこの活動を振り返ってもらいました。

□営業企画部　匂坂幸治の声

「このような仕掛けや企画をして、特に最初の頃は、皆さん『エネジンさん何のメリットがあってこんなことするの？』『こんなボランティアみたいなことやって仕事になるの？』『余裕ある会社だね？』『社長や上司に怒られない？』……なんて言われ、かなり不思議がられました。皆さんの言いたいことは、すごくわかりましたけど。

もちろん、私もイチ営業マンとして動いていた頃は、個人目標を達成するために、数字を追って仕事をしていましたし、条件勝負の提案もしていました。

しかし、本書でご紹介したような取り組みを重ねていくと、皆さんの態度が徐々に変わってくることがわかりました。

エネジンの取り組みが、何回かメディアに取り上げていただいた頃だったと思います。同時期に太陽光発電の電力固定買取り価格制度が導入されてブームとなり、金融機関、自治体、学校関係との連携ができ、アライアンス先が増えたことで、一気に皆さんの反応が変わりました。

『これがよく言うコト売りなんですね』

『この企画は誰が考えてるんですか？　うちも、こんなことしたいんですよ』

と言われるようになりました。

ここ数年で、地域との関わり、お客さまとの関わりが、本当に変わってきたと実感しています。ＣＳＲ活動を展開していくことで、お客さまである地域の方々のお役に立ち、喜んでいただけ、感謝される、それが仕事になる。とてもやりがいを感じますし、もっとがんばろうと思います。

社内でも同じことが言えます。もともと縦割りの関係であった他部署とは、一緒に企画して一緒に動くことで、同じ思い、同じ成果を感じることができ、効果が足し算ではなく掛け算で表れていくのを実感します。

今後も地域の皆さまのお役に立ち、成果を出していきます」

おわりに

当初、私たちがこの活動に取り組んで、メディアに取り上げていただいた際、私自身は「こんなことが記事になるの!? 本当? 大丈夫かな?」と戸惑ったような感覚を持ったことを覚えています。

しかし、実際に地域の皆さまのお役に立ち、ＷＩＮ＆ＷＩＮの関係を築くことができ、しかも第三者の方々から評価をいただいて、あらためて自分たちの強みや専門性に気づくことができました。

一方で最近こういったこともありました。当社としては社会的意義が大きく、金額的にもインパクトある寄贈を実施して、自信を持ってプレスリリースを出したのですが、その取り組みがメディアに取り上げられることはありませんでした。

もちろん寄贈先の自治体には感謝されましたが、「伝えること」の重要性と難しさを現在も学んでいる最中です。

またアライアンス先とお話しするなかで、「ＣＳＲ活動だけでなく、私たちが社内でやっていることを見ていただくのもお役に立つのではないか」と感じ、会社見学や取材をしていただくと、「働き方改革」と相まって好評だったということもありました。

やはり、ＣＳＲ活動にしても、本業の事業にしても、**最後は回り回って「中身」が大事であること、世の中の変化に合わせて常に進化していく必要があること**を実感しています。


今回、このようなメディア化を実践するなかで知り合った出版社の方に「地方の中小企業がこのような取り組みを知り、実践することができれば、それこそすごく役に立つと思います」と熱心に出版をすすめられました。

そのすべてがうまくいっているわけではないので、最初は気乗りがしなかったですし、正直なところ、何かノウハウが流出するような気がしたのも事実です。

社内の取り組みもお役立ちになり得る

労働環境改善方法など公開

会社見学会を定期開催

エネジン、取引先は無料

ＬＰガス販売のエネジン(浜松市)は9月から、労働環境の改善や災害対策の方法などを公開する会社見学会を定期開催する。取引先企業の職場改善や経費削減などに役立ててもらい、関係強化や新規顧客開拓にもつなげるねらいだ。

「モノを探す時間を減らすために全ての備品にラベルを張って置き場所を明確に定める」「掃除時間短縮のため床にモノを置かない」などといった取り組みの様子を、１時間半~2時間ほどで案内する。社員から5年間で１０００件以上の労働環境改善の提案を集めた制度の運用方法なども併せて紹介する。

労働環境改善の方法を紹介する

エネジンの取引先は参加無料。２０１８年11月から不定期で会社見学を実施したところ、19年6月末までに60社２７１人が来場するなど好評だったことから定期開催を決めた。

会社見学会をきっかけに経費削減や災害対策の相談を受ける事例も多く、訪れた企業の需要を把握してガス・電気や災害対策機器などの販売増につなげるねらいもある。

「日本経済新聞」2019年 7 月13日

しかし、さまざまなご縁に恵まれ、周りの皆さまに助けられて、今の私たちがあるのも事実です。当社自身がまだまだ歩みのおぼつかない中小企業ですが、地方を盛り上げるための一つの取り組みだと感じて、本書をまとめることにいたしました。

最後になりましたが、お客さま、CSR活動に参加してくださった皆さま、アライアンス先の皆さま、メディアの皆さまを含む、すべての地域の皆さまにこの場を借りてあらためて御礼申し上げます。まことにありがとうございます。そして、推薦の言葉をお寄せくださった、岡田正大先生、坂本光司先生にも心より感謝申し上げます。

今後ますます地方創生が必要とされる時代です。これからも地域のお役に立ち、喜んでいただき、感謝されるようにがんばっていきたい。

そして、この方法を他地域でがんばっている方々にも活用していただけたら、うれしく思います。

やりましょう!

エネジン株式会社代表取締役　藤田源右衛門

著者紹介

藤田源右衛門（ふじた・げんうえもん）

エネジン株式会社代表取締役社長
1970 年浜松市出身。早稲田大学商学部卒業。公認会計士として監査法人勤務後、（株）ハマネンに 1998 年入社、2001 年代表取締役社長就任。
2004 年(株) ハマネンと丸善ガス(株) が統合してエネジン(株) 発足、現在に至る。
社名の「エネジン：ENEGENE」には、人（ジン）とエネルギー（エネ：ENE）の未来を創造（GENEsis：発生、起源、創世紀）する企業でありたい、という意思が込められている。

●エネジン株式会社
静岡県浜松市中区高林5-6-31
http://www.enegene.co.jp/

なぜ、地域《ちいき》のお役《やく》に立《た》つと
会社《かいしゃ》は成長《せいちょう》するのか

〈検印省略〉

2020年 2 月 27 日 第 1 刷発行

著 者——藤田源右衛門（ふじた・げんうえもん）
発行者——佐藤 和夫

発行所——株式会社あさ出版
〒171-0022 東京都豊島区南池袋 2-9-9 第一池袋ホワイトビル 6F
電 話 03 (3983) 3225 (販売)
03 (3983) 3227 (編集)
F A X 03 (3983) 3226
U R L http://www.asa21.com/
E-mail info@asa21.com
振 替 00160-1-720619

印 刷 文唱堂印刷株式会社

facebook http://www.facebook.com/asapublishing
twitter http://twitter.com/asapublishing

ISBN978-4-86667-198-7 C2034